Ilona Einwohlt

Goldschwestern

Ilona Einwohlt
wollte eigentlich Ernährungswissenschaftlerin werden.
Aber dann las sie mitten in der Chemievorlesung Simone de
Beauvoir, Julio Cortázar und Thomas Mann – und widmete
sich fortan der Literatur. Längst ist aus der Germanistikstu-
dentin eine erfolgreiche Autorin insbesondere für Kinder und
Jugendliche geworden. In ihren Romanen geht es immer um
aktuelle Themen mitten aus dem Leben, denn mit Interesse,
Kritik und Leidenschaft verfolgt sie die gesellschaftlichen
Entwicklungen der Zeit. Ilona Einwohlt, Jahrgang 1968,
lebt mit ihrer Familie in Darmstadt.

Laura Rosendorfer
lebt mit ihrem Mann, ihren beiden Töchtern und
einem schwarzen Kater in einem kleinen blauen Haus bei
München. Einen Garten hat sie auch, leider ohne Pferd, aber
mit vielen Eichhörnchen. Wenn der Trubel zu groß und der
Computerbildschirm zu hell wird, flüchtet sie nach
draußen zu den Blumenbeeten. Da sitzt sie dann
am liebsten mittendrin und zeichnet.

Ilona
Einwohlt

GOLDSCHWESTERN

Mit Illustrationen
von Laura Rosendorfer

Ein Hinweis zur geschlechtergerechten Sprache:
Der Autorin und dem Verlag war es wichtig, im Roman
diskriminierungsfrei zu formulieren und gleichzeitig den Anforderungen des literarischen Schreibens gerecht zu werden. Aus
einer Vielzahl von Möglichkeiten, Texte geschlechtergerecht zu
gestalten, haben wir uns für eine Herangehensweise entschieden.
Wir bedanken uns bei allen, die uns dabei unterstützt haben. Da
sich gerade im Bereich der diskriminierungsfreien Sprache in
kurzer Zeit viel ändern kann, sind wir auch weiterhin für
Rückmeldungen und Anregungen offen.

Ein Verlag in der Westermann Gruppe

1. Auflage 2022
© 2022 Arena Verlag GmbH
Rottendorfer Straße 16, 97074 Würzburg
Alle Rechte vorbehalten
Umschlag und Innenillustrationen: Laura Rosendorfer

Gesamtherstellung: Westermann Druck Zwickau GmbH
Gedruckt in Deutschland

ISBN 978-3-401-60643-9

Besuche uns auf:
www.arena-verlag.de

@arena_verlag
@arena_verlag_kids

Es waren einmal zwei Schwestern, die hätten unterschiedlicher nicht sein können. Die eine war schön und fleißig, die andere hässlich und faul ... hey, halt, stopp, so einfach wie im Märchen ist es nicht. Wer bestimmt schon, was schön und hässlich, faul und fleißig bedeutet?

Natürlich kommt es darauf an, aus welcher Perspektive wir die beiden betrachten und welche Vorurteile uns die Sicht vernebeln. Anstatt vorschnell zu urteilen, sollten wir erst die ganze Geschichte kennen – und bereit sein, unsere Meinung zu ändern.

Nur in einer Hinsicht gab es einen großen Unterschied zwischen den beiden Schwestern, die mit ihrem Vater und dessen neuer Freundin auf einem Reiterhof lebten:

Die eine liebte ihre Pferde im Stall und auf der Koppel über alles und konnte mit Schönheitsgetue wie Lipgloss und Blush nichts anfangen. Die andere streamte ihren Beautykanal auf YouTube, wusste alles über Lipgloss und Blush – und hatte eine Allergie gegen Schmutz und Pferde.

Da kam es, wie es kommen musste: Beide wurden vom Schicksal geprüft und mussten sich ihren Ängsten stellen. Wie im Märchen. Nur dass der Prinz kein Prinz, sondern eine Prinzessin war und der Drache nur mit Liebe und Ehrlichkeit bezwungen werden konnte. Und wenn sie nicht miteinander diskutieren, dann streiten sie heute immer noch ...

Herzenskälte

Eiskalte Winterluft knisterte in der Lunge und piekste im Gesicht, kühlte Lillys erhitzte Wangen. Was fiel Eve ein! Was fiel ihnen allen ein! Vor lauter Wut und Enttäuschung wusste Lilly überhaupt nicht, wohin sie fühlen sollte. Nur eins: weg. Raus. So schnell es ging. Tief über Zoras Hals gebeugt, galoppierte sie den schmalen Pfad entlang, die Anhöhe hinauf, die Hände in der Mähne vergraben, um wenigstens ein bisschen Wärme zu spüren an diesem Tag, der so beschissen war, wie Tage wie diese nun mal waren. Einsam. Alleine.

Egal, weiter, weiter. Endlich vergessen, an nichts mehr denken. Schneeflocken wirbelten unter Zoras Hufen, jetzt ging es wieder bergab und obwohl man kaum drei Meter weit schauen konnte, schien ihre Stute nur ein Ziel zu haben: die Ruine im Wald, seit jeher Lillys Geheimversteck. Aus unerklärlichen Gründen fühlte sie sich von dem verfallenen Gebäude angezogen. Wann immer sich die Gelegenheit dazu ergab, verbrachten sie hier ihre Zeit, im Sommer konnte es auch mal passieren, dass sie zwischen den verwitterten Steinen im Freien übernachteten.

Im Innenhof hielt Zora endlich an. Das Gemäuer war dick verschneit, kaum zu erkennen. Baufällig und einsturzgefährdet, war der Zutritt strengstens versperrt, aber Lilly hatte ein Schlupfloch gefunden. Sie ließ sich von Zoras Rücken rutschen, zog mit klammen Fingern ihr Handy aus der Hosentasche und rief zum wiederholten Male den Link auf, der seit heute Morgen viral ging und ihr seitdem das Leben zur Hölle machte. Lilly konnte es immer noch nicht glauben. Was dachte sich ihre Schwester nur dabei, solch ein Video zu posten! Wie konnte sie nur so fies und gemein sein?

»Wollt ihr wissen, wie es mir geht?« Eine völlig ungestylte Eve schniefte in die Kamera. Die Haare hingen strähnig herunter, die Augen sahen gerötet aus. Kein strahlender Ringlichtkranz in den Pupillen wie sonst. Alles war verwackelt, man konnte gerade mal die Umrisse ihres Kleiderschranks im Hintergrund erahnen. Keine Weichzeichner, keine stimmungsvollen Lichterketten. So aufgelöst hatte Lilly ihre Schwester noch nie erlebt, nicht einmal damals nach dem Unglück.

»Alles dreht sich nur um sie und um Pferde, Pferde, Pferde. Welches Pferd Lilly reitet. Welche Erfolge sie verbuchen kann. Wie toll sie bei der Heuernte geholfen hat. Wie selbstlos sie Stallwache bei den Pferden hält, wenn der Verband gewechselt werden muss oder sie bei der Geburt eines Fohlens hilft. Nach mir fragt keiner! Dabei schreibe ich die viel besseren Noten und bin viel, viel erfolgreicher. Ich habe hier über hunderttausend Follower! Wenn ich meine Beautytutorials hochlade, schalten alle ein und sofort habe ich Hunderte von Likes. Niemand sieht, wie viel harte Arbeit dahintersteckt. Ich drehe Videos, ich recherchiere, ich muss mich an Absprachen halten. Dann Musik aussuchen, schneiden, hochladen.«

Es ging in einer Tour. Lilly ertappte sich dabei, wie sie gebannt an Eves Lippen hing. So hatte sie ihre Schwester noch nie sprechen hören. Alles war sonst immer ein oberflächliches Plinkplink. Jetzt blickte ihr eine verweinte Eve entgegen, ohne Make-up sah man sogar Falten um die Augen, ungewöhnlich für eine Sechzehnjährige. Alles echt.

»Das Leben ist so ungerecht!«, heulte Eve weiter. Mittlerweile lag sie rücklings auf ihrem Bett, die blonden Haare umspielten ihr Gesicht wie ein Wasserfall. Man hätte sie glatt für Lilly halten können, so ähnlich sahen sich die Schwestern in diesem Moment. »Sie bekommt alles und ich nicht. Dabei ist sie echt so was von hässlich. Mit ihren wirren Korkenzieherhaaren, die sie niemals kämmt, verfilzt und ungepflegt bis in die Spitzen. Kein Wunder, sie benutzt ja auch nur ihr komisches Ökoshampoo.«

Hä, was faselte Eve da? Lilly griff sich in die Haare. Sie mochte ihre Locken.

»Sie sieht aus wie eine Walküre, die durch die Luft reitet, so wehen sie wie eine blonde Fahne hinter ihr her.«

Walla-Walla-Wallhalla, unser Mistkäfer ist ein YouTube-Star, klangen die Rufe ihrer Mitschüler:innen von heute Morgen in Lillys Ohren nach, was hatte sie sich nicht alles anhören müssen. Eigentlich war sie ja an Lästereien gewöhnt.

Weiter ging's mit einer endlosen Tirade über Lillys Reitklamotten. »Im Badezimmer ist alles voller Pferdehaare und ich muss dann mit meiner Allergie wieder husten und niesen und bekomme keine Luft … das ist echt mega-rücksichtslos von ihr! Ich achte darauf und räume meine Klamotten weg, sie lässt immer alles herumfliegen, sogar ihre Periodenunterwäsche. Immerhin kriegt sie ihre Tage, wenn sie schon keine Brüste hat. Sonst könnte man ja meinen, sie sei gar kein Mädchen.«

Unwillkürlich tastete Lilly nach ihrer Brust. Mochte sein, dass ihr Busen noch kaum entwickelt war. Warum sollte sie deshalb kein *richtiges* Mädchen sein? Und warum war das überhaupt so wichtig?

»Lilly ist total krank im Kopf! Sie reitet immer zur Ruine im Wald, keine Ahnung, was sie dort macht. Mit Zora!« Eve saß mittlerweile im Gegenlicht vor ihrem Fenster, was ihr ein noch dramatischeres Aussehen verlieh. »Wenn das unser Vater erfährt, ist Schluss mit lustig. Dann bekommt sie endlich Stallverbot und kann nicht mehr mit ihren ach so tollen Reitkünsten angeben und mir auf die Nerven gehen.«

»Pah, du hast echt eine üble Fantasie! Willst du wissen, wie es *mir wirklich* geht?«, murmelte Lilly. Ihr lief es eis-kalt den Rücken hinunter, ihre Hände waren klamm, Herz und Gefühle eingefroren. Manchmal tat es einfach nur weh, so alleine zu sein, in der Schule teilte niemand ihre Leidenschaft für Pferde. Wer Tag und Nacht im Stall schuf-tete, hatte keine Zeit für Freund:innen und Partys. Da hat-ten die anderen aufgehört, sie einzuladen, und Lilly war zur Einzelgängerin geworden. Irgendwann dann hatte Mi-randa mit diesen Sprüchen angefangen und seitdem war es noch schwerer geworden.

Lilly scrollte weiter und las mit angehaltenem Atem die unzähligen Kommentare unter dem Video.

Hehe, geile Braut – Trostküsse 2U – Take care – Du Arme!, wie schrecklich. – Die ist ja krank! – Wie hältst du es mit so einer Irren unter einem Dach aus? Das waren Eves Fans. Die anderen Kommentare klangen ganz anders:

Wenn hier einer spinnt, dann du! – Bist du transphob, oder was? – Geh doch zur AfD! – Vergiss es. – Ich bin raus! – Du bist voll die Haterin! – Wie siehst du überhaupt aus? – Gender rules! Eine Person nach der anderen war Eves Account entfolgt, die Anzahl von Abonnent:innen war seit heute Morgen mindestens um ein Drittel geschrumpft. In Lillys Augen war das nur mehr als gerecht.

»Was meinst du, warum hat sie dieses Video gedreht?« Lilly schaute Zora fragend an. Zur Antwort tänzelte die Stute um sie herum. »Du meinst, wir müssen sie zur Rede stellen? Na, dann los, worauf wartest du?« Mit einem Satz sprang sie in den Sattel. Lilly musste Zora gar nicht antreiben, sie preschte aus dem Stand los. So war das mit Zora, sie wusste immer, was für Lilly gut war. Diesmal fiel sie in einen lockeren Trab, nachdem sie das Waldstück hinter sich gelassen hatten. *Sortiere erst mal deine Wut und Gedanken,* sollte das bedeuten und in der Tat bemerkte Lilly, wie der gleichmäßige Takt sie beruhigte. Doch zu früh gefreut. Im Stall kam sie direkt vor Meryams Füßen zum Stehen. Die Stiefmutter hatte ihr gerade noch gefehlt.

»Was soll das?«, fragte Meryam mit eiskalter Stimme, frostiger ging's nicht. »Keine Ausritte mehr, ich dachte, das hätten wir geklärt! Ich bereite Zora auf das Turnier vor, wäre doch gelacht, wenn die Lady hier nicht wieder

zur Bestform auflaufen würde. Nicht wahr, meine Gute?«
Meryam wollte Zora den Hals tätscheln, doch die wich
erschrocken zurück. In den zwei Jahren, die Meryam auf
dem Waldhof als Bereiterin lebte, waren die Stute und sie
keine Freundinnen geworden.

»Was fällt der ein!«, schimpfte Lilly vor sich hin, während sie Zora in ihre Box zurückbrachte und mit Stroh trocken rieb, bevor die allabendliche Fütterung begann.

»Na, wieder beruhigt?« Matayo stellte die Schubkarre
ab. Dem Pferdepfleger entging nichts, die schlechte Stimmung zwischen den beiden Schwestern am allerwenigsten.
Er schaute Lilly mitfühlend an.

»Sehe ich so aus?«

»Eve tut es leid ... sie wollte das nicht. Es war keine Absicht. Ich glaube, sie würde auch gerne auf Zora reiten und
ist eifersüchtig deswegen.«

»Eve tut es leid? Dass ich nicht lache! Und um Zora
macht sie doch einen großen Bogen. Du bist echt so was
von blind!« Lilly war immer noch sauer. Sauer und enttäuscht zugleich. Traurig vor Wut. Wütend vor Trauer. Alles zusammen.

»Komm schon! So schlimm ist das doch alles gar nicht.
Die Leidtragende ist Eve. Jetzt lästern alle über sie. Weil
sie in diesem Jumpsuit aussieht wie eine Tonne und auch
noch ungeschminkt war. Sie schämt sich zu Tode und
heult nur noch, weil sie sich so hässlich findet.«

»Was stimmt nicht mit dir?! Ich dachte, du wärst mein
bester Kumpel! Und jetzt hast du Mitleid mit der *Armen!*
Ungeschminkt und ohne Slimfilter! Geht natürlich gar
nicht.« Lilly atmete tief aus. »Und was heißt hier ›nicht

so schlimm‹? Sie findet, ich sei keine richtige Frau! *Ich wäre krank.* Wie kann sie nur so etwas behaupten! Ist doch wohl völlig egal, wer oder was ich bin! Erklär mir mal, warum sie das macht. Das ist absolut verletzend. Kein Wunder, dass sich ihre Follower abmelden ...«

»Na ja, du musst schon zugeben, dass du eher wie ein Typ durch die Gegend stiefelst. Mal abgesehen von deinen langen blonden Haaren.«

»Bitte was?! Fängst du jetzt auch damit an?«

Eigentlich wollte Lilly nur noch weg und ihren Kumpelfreund mit seinen blöden Sprüchen allein lassen. Stattdessen blieb sie wie festgenagelt stehen.

»Sag das noch mal: Du hältst mich auch für einen Typen?«

»Ich weiß nicht ... manchmal verhältst du dich wie einer.« Matayo kratzte sich am Hinterkopf, er fühlte sich sichtlich unwohl.

»Und wie verhält sich einer? So?« Lilly tat so, als fasste sie sich in den Schritt, und versuchte, grimmig zu gucken.

»Du weißt, was ich meine.« Matayo zuckte die Schultern. »Du schminkst dich nie. Du trägst weder Rosa noch Kleider ... hast keine Freundinnen ... du bist stark wie ein Kerl – wenn's drauf ankommt, trägst du vier Futtereimer auf einmal. Du bist mutig wie ein Löwe, hast keine Angst vor Ratten, schläfst im Stall und nachts reitest du zur Ruine ...«

»Nicht dein Ernst jetzt, oder?« Lilly war ganz dicht an Matayo herangetreten und schaute ihm direkt in die Augen. Als ob sie eine Antwort darin lesen könnte. Matayo erwiderte ihren Blick. Mehr noch. Er fasste sie an der Hand.

»Lilly … es ist doch nur … manchmal weiß ich nicht, was ich von dir halten soll. Du bist so … anders. Und wenn einer weiß, wie einsam es mit diesem Anderssein ist, dann ja wohl ich!«

»Es tut mir leid …« Für einen Moment lehnte sie ihren Kopf an seine Schulter und merkte, wie ihre Wut verrauchte. Schön fühlte sich das an. Warm. Vertraut. Natürlich war Matayo auf ihrer Seite. Seit er vor drei Jahren auf dem Waldhof als Stallbursche angeheuert hatte, waren sie beste Freunde. Als Teenie war er mit seiner Familie aus dem Sudan nach Deutschland geflüchtet und nach etlichen Behördengängen durften dank Pauls und Iris' Unterstützung alle bleiben, die Eltern hatten Arbeit beim hiesigen Busfahrtunternehmen gefunden. Lilly hatte Matayo Deutsch beigebracht und er ihr das Reparieren von Zäunen und Schubkarren, überhaupt war er handwerklich überaus geschickt. Matayo war beinahe achtzehn und der Schwarm aller Menschen im Stall. Im letzten Jahr hatte er die Schule geschmissen und machte nun eine Ausbildung als Pferdewirt. Sehr zur Freude von Lillys Vater Paul, denn Matayo besaß ein unglaubliches Einfühlungsvermögen und kam mit jedem Pferd zurecht – außer mit Zora. Mit der hatte er es sich vom ersten Tag an verscherzt, weil er ihr mit dem Pferdestaubsauger zu Leibe rücken wollte. Das hatte sie ihm bis heute nicht verziehen.

»Ich bin von dir megaenttäuscht! Ich hätte nicht erwartet, dass du Eve in Schutz nimmst«, flüsterte Lilly in seine Jacke.

»Schon gut, es tut mir leid, du weißt doch, was sie mir

bedeutet ...« Matayo war einen Schritt zur Seite getreten. »Manchmal frag ich mich, ob du überhaupt merkst, wie es den anderen geht.«

»Wie meinst du denn das schon wieder?«

»Deine Schwester ist nicht die Strahlequeen, wie sie immer tut. In Wirklichkeit ist sie so einsam wie du. Schau doch mal genauer hin!«

»Du meinst es wirklich ernst ...« Lilly kniff die Augen zusammen und musterte Matayo. Der war unübersehbar knallrot angelaufen. »Du täuschst dich! Eve kann sich perfekt inszenieren. Ich glaube ihr kein Wort. Von wegen, das ist nicht mit Absicht geschehen! Das ist sicher so ein Real-Life-Challenge-Ding, von denen das Netz nur so wimmelt. Warte mal ab, am Ende hat sie noch viel mehr Follower als zuvor, weil alle sie so cool und echt finden, Hashtag Bodypositivity, yay.« Lilly zog ihr Handy aus der Tasche. Ein Kommentar nach dem nächsten ploppte auf. In der Klassengruppe, auf Insta, Snapchat. Mittlerweile hatte sich ein Team Lilly und ein Team Eve gebildet.

»Siehst du! Da hatten wir wochenlang Medienkompetenztraining und jetzt das.« Dann fügte sie seufzend hinzu: »Mein Vater darf dieses Video nie im Leben sehen!«

»Es tut mir so leid!« Eine zerknirschte Eve stand am Abend ohne Anklopfen bei Lilly im Zimmer und stammelte eine Entschuldigung nach der anderen. »Echt, ich wollte das nicht! Ich hatte überhaupt nicht vor, dieses Video zu veröffentlichen. Ich war an dem Abend echt fertig von dieser ständigen Husterei.«

Doch Lilly wollte kein Wort hören. Sie war müde vom

Tag und der Stallarbeit. Demonstrativ beugte sie sich über ihr Schulheft, Mathe. »Lass mich einfach in Ruhe!«

»Warum hasst du mich so?« Eve klang, als sei sie den Tränen nahe.

»Wie bitte? Du bist doch diejenige, die seit damals keine Gelegenheit auslässt, um mir eins auszuwischen.« Wo bitte war die versteckte Kamera? Lilly blickte sich suchend um. Das hier war eine filmreife Aufführung in dem Drama »Die unverstandene Schwester«. Sie war aufgesprungen und stand jetzt direkt vor Eve. Sie roch nach Veilchen und Vanille und mal wieder hatte Lilly das Gefühl, sie blicke in ihr zwei Jahre älteres Spiegelbild, so ähnlich sahen sich die beiden Schwestern. Blonde Haare, die gleichen blauen Augen, die leicht schief sitzende Nase, der Mund mit den vollen Lippen, selbst die Grübchen waren an den gleichen Stellen. Man hätte sie glatt für Zwillinge halten können. Wenn sie nicht so grundverschiedene Interessen gehabt hätten – und die eine nicht diese akkurat gezupften Augenbrauen.

»Jetzt glaub mir doch!«, heulte Eve weiter. »Dieses Video hat für mich alles nur noch schlimmer gemacht.«

»Das hättest du dir vorher überlegen müssen! Spar dir deine Tränen, das Drama zieht bei mir nicht.« Mit diesen Worten schob Lilly sie vor die Tür.

So einfach war es nicht. Die Sache machte ihr mehr zu schaffen, als sie zugeben wollte. Die nächsten Tage waren für Lilly die Hölle, durchwachte Nächte bei kranken Pferden mit Kolik ein Spaziergang dagegen. In der Schule versuchte sie, sich nichts anmerken zu lassen und die befremdeten Blicke ihrer Mitschüler:innen zu ignorieren. Lilly war ja Kommentare gewöhnt, sie schaltete auf Durchzug. Wenn es gut lief, nannten sie sie nur Gummistiefel oder Mistkäfer, an schlechten Tagen kam Trensengesicht, Stallschlampe oder Pferdearsch dazu, aber meistens behandelte man sie wie Luft. Und jetzt redeten sie über sie. Ständig. Immer. Und überall. Dieses Getuschel, dieses plötzliche Auseinandergehen, wenn die anderen sie erblickten, diese eiskalte Abneigung fühlten sich schlimm an. Plötzlich stand sie im Mittelpunkt des Interesses und nicht Eve, um die sich sonst immer alles drehte. Die hütete unter Vortäuschung einer Magen-Darm-Grippe seit einer Woche das Bett und hatte sämtliche Accounts offline gestellt. So was von feige war das! Abgetaucht in einer Wolke aus Selbstmitleid, bekam sie weder Likes noch Häme ab, während sich Lilly tapfer dem Kommentargewitter stellte und versuchte, sich nicht unterkriegen zu lassen. Es tat weh, immer wieder die Außenseiterin in der Klasse zu sein, obwohl sogar viele Mitschüler:innen zum Reiten und Voltigieren auf den Waldhof kamen. Eve hatte es in den letzten Monaten geschafft, die anderen gegen sie aufzubringen, und Lilly verstand nicht, warum. Die Gemeinheiten schmerzten wie die Kälte, die ihr derzeit wie lauter kleine Eispickel entgegenschlug und Nadelstiche in die Haut trieb, sobald sie vor die Tür trat. Sie brauchte dicke Wollpullis, ein dickes Fell. Stattdessen wurde Lilly immer dünnhäutiger und fühlte sich einsam.

In der letzten Sportstunde vor den Ferien spielten sie Fußball. Demonstrativ stellten sich die Mädchen der Klasse an den Seitenrand und überließen den Jungs das Feld – und Lilly.

»Hoffentlich verrutscht ihre Periodenunterwäsche nicht, wenn sie grätscht«, lästerte Miranda unüberhörbar mit den anderen.

»Geht's noch? Könnt ihr dieses Video nicht endlich mal vergessen?« Mehr fiel Lilly dazu nicht ein. Das machten die mit purer Absicht, neulich noch hatten alle mitgespielt. Sie selbst hatte Spaß mit dem Ball und dribbelte spielerisch zum gegnerischen Tor.

»Hey, cool, machst du das öfters?«, fragte Rico und passte ihr den Ball zu.

»Ich spiele immer mit meinem Pferd!« Lilly passte zurück.

»Echt jetzt?«

»Klar. Zora ist die geborene Torschützenkönigin!«

»Pferde, Pferde, Pferdearsch …«, wieherte Leon von der Seite. »Der Hintern von einem Friesengaul ist der reinste Babypopo gegen deinen!«

»Sehr originell!«, meinte Lilly und streckte ihm die Zunge raus.

»Cricket, meinst du?« Rico schaut sie fragend an.

»Nein. Zora bekommt einen großen, weichen Ball … damit spielt sie dann total ausgiebig.« Lilly geriet plötzlich ins Schwärmen. Sie selbst konnte stundenlang dabei zusehen, wie Zora mit dem Ball vor den Hufen durch die Halle tobte und übermütig buckelte und ausschlug. Zwischendurch wälzte sie sich vor lauter Wohlbefinden. Meryam waren diese Spielereien wie so vieles, was Lilly mit Zora veranstaltete, ein Dorn im Auge. Pferdebeine seien sensibel und verletzungsanfällig, da müsse man nicht auch noch mit Fußball das Risiko steigern. Dass Zora hinterher sichtlich zufrieden in ihrer Box stand, zählte für Meryam nicht. Aktuell hatte die Stute jedoch keinen Spaß. Statt Fangen spielen musste sie Passage üben, wieder und immer wieder, und wenn sie die Beine nicht hoch genug hob, half Meryam mit der Gerte nach.

»Verstehe!« Rico grinste. Die restliche Sportstunde verlief ohne weitere Zwischenfälle. Alle Jungs kassierten eine Eins, die Mädchen eine Zwei. Auch Lilly. Obwohl sie ein Tor geschossen hatte. Sie hatte längst aufgehört, sich über Ungerechtigkeiten aufzuregen, und stellte auf Durchzug. Die einzige Möglichkeit, den Schultag zu überstehen. Auch das würde vorbeigehen. Noch zwei Jahre, dann hätte sie die Mittlere Reife, würde eine Ausbildung zur Pferdwirtin machen und mit Menschen nichts mehr zu tun haben, nur noch mit Pferden. Die waren wenigstens ehrlich und redeten nicht so viel. Und in drei Tagen waren endlich Ferien. Danach würde die Meute vergessen haben, was vorgefallen war.

☆ Vor Weihnachten

Liebe Ana,

so traurig, hier zu sein. Dieser Umzug war echt das Schlimmste, was unsere Mutter mir jemals antun konnte. Warum, warum, warum?! Genau 555 Kilometer sind wir gefahren, ich hab's noch mal nachgerechnet, noch weiter weg von dir, die auf der anderen Seite der Welt lebt. Mit jedem einzelnen Kilometer, den wir vor ein paar Wochen im Umzugslaster auf der Autobahn zurückgelegt haben, wurde sie immer fröhlicher — und ich immer trauriger. Sie sagt, wir lassen all den Ärger und Streit hinter uns und fangen ganz von vorne an. Diesmal machen wir alles anders, alles besser, machen die gleichen Fehler nicht noch einmal.

Wir?!

Deswegen gibt es immer noch kein neues Handy für mich. Hey, wie soll ich das überleben? Ich bin hier irgendwo im Nirgendwo und völlig von der Welt abgeschnitten. Total alleine. Wie soll ich das aushalten? Ich hab das Gefühl, ich explodiere, so durcheinander ist alles in mir drin. Weiß gar nicht, wohin ich denken soll. Das muss alles raus!

Also schreibe ich in mein Tagebuch und Briefe an dich, wie damals zu Goethes Zeiten.

Schreiben tut der Seele gut, hat Papa gesagt. Ich erzähl dir alles, denn ich will auch nicht die gleichen Fehler noch einmal machen. Den Shitstorm über mich ergehen lassen. Mich nicht wehren. Alles in mich hineinfressen. Mit niemandem reden, mich niemandem anvertrauen. Das habe ich einmal gemacht und das war nicht gut. Du bist die Einzige, die wissen soll, wie es mir geht, die Einzige, die sich überhaupt noch für mich interessiert, nach all dem, was geschehen ist.

Sicher langweile ich dich, weil ich immer das Gleiche schreibe, sicher willst du wissen, wie mein neues Zimmer aussieht (okay), wie die Stadt ist (okay), die neue Schule (weiß ich nach den Ferien). Und sicher hast du Sorge um mich, weil ich so fragil bin, weil du fürchtest, es könnte jederzeit wieder losgehen.

Ich habe das unter Kontrolle. Versprochen. Und ich schreibe dir wieder, auch versprochen.

Okay, Fran

Goldene Reiterin

Goldene Flocken tanzten um Lilly herum, legten sich wie ein Kleid über sie und brachten die Welt zum Leuchten. Mit weit ausgebreiteten Armen galoppierte sie auf Zoras Rücken über die Wiese, die Freiheit prickelte am ganzen Körper und Lilly strahlte mit der Sonne um die Wette. Alles funkelte, glühte, regenbogenbunte Blätter an den Bäumen und pinke Blumen bis zum Himmel. Wie im Märchen.

So viel Glück! Sie hatte gewonnen! Jetzt konnte ihr nichts mehr passieren. Sie war frei! Keine doofen Sprüche, kein Stress, kein Ärger. Niemand, der ihr Zora wegnehmen wollte …

»Hey, Lilly, aufstehen – willst du den ganzen Tag vertrödeln? Die Pferde füttern sich nicht von alleine …« Ihr Vater klopfte an die Tür und riss Lilly aus ihren Träumen. Wie immer war Paul schon vor allen anderen wach.

Sie hatte verschlafen! Noch einmal strecken, dann hieß es: Raus aus den Federn! Wie jeden Morgen füttern, misten, Pferde bereit zum Training machen. Egal, ob draußen schon die Sonne schien und die ersten Vögel zwitscherten oder so wie heute alles winterdunkel und bitterkalt war. Jede andere würde nach den Feiertagen ausschlafen, gammeln, dösen, Serien gucken. Nicht so Lilly. Sie wollte lieber jede freie Minute bei ihren geliebten Pferden im Stall verbringen. Und mit Zora. Bei dem Gedanken an ihre Lieblingsstute huschte ein Lächeln über Lillys Gesicht. Sofort war sie glockenhellwach. Mit einem Satz sprang Lilly aus dem Bett, direkt in Reithosen und Stiefel.

Sanftes Malmen und wohlige Wärme schlugen ihr entgegen, als sie an diesem Wintermorgen die Stallgasse betrat. Zora wieherte zur Begrüßung und Lilly lief schnell hin, um ihr einen Kuss auf die Nüstern zu hauchen.

»Guten Morgen, meine Liebe, auch schon wach?«

»Klar, was denkst denn du!« Matayo stellte die Schubkarre ab. Er deutete grinsend eine Verbeugung an. »Ja, deine Edelstute ist die Schönste im ganzen Stall. Sie war es gestern, sie ist es heute, sie wird es immer sein.«

»Blödmann!« Lilly knuffte ihn liebevoll in die Seite, sie hatte ihm längst verziehen. Er wäre ein schlechter Freund, würde er ihr nicht ab und zu einmal die Meinung geigen. Und dazu gehörte der Vorwurf, dass sie in den vergangenen Monaten nur noch für Zora und die Pferde lebte und sich ansonsten für niemanden mehr interessierte.

Es war leichter. Pferde enttäuschten einen nicht. Und Zora war Lillys beste Freundin.

Zora war eine feingliedrige, hochgewachsene Fuchsstute mit rot gold schimmerndem Fell und einer Mähne fast bis zum Boden. Jeder und jede war von ihrer Schönheit fasziniert, niemand konnte sich ihrer Ausstrahlung entziehen und wo sie auftauchte, wichen augenblicklich alle zur

Seite. Alle, von den Jährlingen bis hin zu den Hofkatzen und umherstreunenden Hühnern auf dem Waldhof, hatten Respekt vor ihr.

»Komm, trenn dich von deinem Liebling, hier gibt es jede Menge zu tun. Die Meute ist hungrig! Und Wotan will nichts fressen.« Matayo griff nach den Futtereimern.

»Och nö. Nicht schon wieder!«, stöhnte Lilly. Der gekörte Hengst war sensibel und reagierte auf Stress mit allen möglichen Symptomen. Müde und desinteressiert döste er vor sich hin und zuckte noch nicht einmal mit den Ohren, als Lilly nun seine geräumige Box betrat. Hengste führten traditionellerweise auf dem Waldhof ein gutes Leben. Im Sommer hatten sie sogar einen eigenen Paddock mit angrenzender Weidefläche – ganz für sich alleine!

»Na, mein Guter, null Bock, oder was? Ich habe extra ein paar Rübenschnitzli für dich, die bringen dich wieder auf Trab ...«, lockte Lilly mit zärtlicher Stimme.

»Gib dir keine Mühe! Unser Loverboy befindet sich im Hungerstreik!« Matayo schüttelte besorgt den Kopf. »Meryam macht sich große Sorgen. Sie hat schon nach dem Tierarzt gerufen, aber an den Feiertagen macht selbst Doktor Grabowski Pause und zum Notdienst will sie nicht, weil sie keinem anderen vertraut ...«

»Wundert dich das?« Lilly seufzte. »Ich meine, dass der Grabowski mal nicht *stand by* ist?«

»Ich wundere mich über überhaupt nichts mehr.« Matayo grinste schief. »Wotan fehlt nichts, ich habe ihn gestern im Paddock lange genug beobachtet. Herumgetobt ist er wie ein Zweijähriger! Wenn du mich fragst, will er ein paar Pfunde verlieren, damit er in der kommenden Saison in Topform ist. Da stehen ein paar angesagte Ladys auf der Liste, die Top Five der Zuchtstuten haben sich fürs Frühjahr angekündigt, hat dein Vater erzählt. Da wird der coolste Kerl nervös, nicht wahr?« Der Pferdepfleger kraulte Wotan zwischen den Ohren, eine Geste, die der Hengst sichtlich genoss.

»Verstehe, Männersache.« Lilly versuchte ein Lächeln, dabei verstand sie überhaupt nichts. Dass Wotan eine Essstörung hatte, war ein bekanntes Problem, das selbst Doktor Grabowski nicht in den Griff bekommen hatte. Papas Freundin sowieso nicht, die zählte selbst peinlich genau jede Kalorie. Meryam war eine erfolgreiche Dressurreiterin mit ehrgeizigen Plänen bis unter die Reitkappe, was seit ihrem Einzug immer wieder für Unruhe auf dem Hof sorgte.

»Vielleicht hat Wotan auch Liebeskummer«, schob Matayo hinterher und schaute Lilly bedeutungsvoll an. »Soll ja vorkommen!«

»Wie meinst du das jetzt wieder?« Dabei ahnte Lilly, dass er nur wieder über Eve reden wollte. Sie griff nach der Mistgabel und schob Dumbledore vorsichtig aus dem Weg. Der alte Hovawart-Rüde lag gerne bei Wotan in der Box, hier war es am ruhigsten. Niemand störte ihn bei seinem Schläfchen, weder irgendwelche pferdeverrückten Mädchen und Jungen noch die Hühner.

»Jetzt sag schon!«

»Vergiss es.« Matayo winkte ab und Lilly warf ihm eine Kusshand zu.

»So wird das nie was mit euch!«, rief Lilly ihm hinterher, doch Matayo tat so, als hörte er nichts. Mit geübten

Griffen hatte er begonnen, Frodos Box auszumisten. Pferde kannten keine Feiertage und schon gar nicht das, was die Menschen »zwischen den Jahren« nannten. Während alle Welt Pause machte, vor Netflix abhing oder Geschenke umtauschte, ging der Reitbetrieb auf dem Hof weiter.

Frodo stand gelassen vor seinem Futtertrog, den Dunkelfuchs konnte so schnell nichts aus der Ruhe bringen – nicht einmal die Kinder, die nachmittags den Stall bevölkerten und mit ihren Putzkästen anrückten. Im Gegenteil, er liebte es, wenn sie ihm stundenlang den Schmutz aus dem Fell striegelten und die Hufe polierten, in die Mähne Zöpfchen flochten und den Schweif frisierten.

»Komm, mein Guter, beweg deinen wohlgeformten Pferdearsch ein Stück zur Seite, damit ich dich vom Unrat befreien kann … boah, was ist das denn?« Matayo schnupperte. »Riechst du das auch? Zimt und Bratapfel? Kneif mich mal, ich fasse es nicht!«

Lilly trat neben ihn und sog die Stallluft in die Nase. Sie roch nicht wie sonst würzig nach Heu und warmem Pferdedunst, sondern … tatsächlich nach Zimt und Bratapfel.

»Ist das etwa Glitzer?! Die Mädels haben dich mit Mähnenspray verschönert, ich glaub es nicht.« Amüsiert strich sie Frodo durch das Fell und rieb sich die Finger, Glitzerpartikel tanzten durch die Luft.

»Wie schade, dass du für die Stuten aus dem Rennen bist … sonst könnte Wotan glatt neidisch werden.« Matayo prustete los.

»Mal gucken, was sich Leyla und Jo als Nächstes ausdenken.« Lilly tätschelte Frodo grinsend den Hals. »Es soll Glitzerhufglocken mit Plüschrand geben …«

»Ich glaube ja immer noch, Wotan ist unglücklich in Zora verliebt, er wiehert ihr immer so sehnsüchtig hinterher ...« Matayo grinste und füllte schwungvoll die Schubkarre mit einer Ladung Pferdemist. »Sein Job besteht nun mal darin, viele Nachkommen in die Welt zu setzen. Gleich im neuen Jahr muss er auf die Phantomstute. Die Aussicht würde mir auch auf den Magen schlagen ...« Matayo verzog mitfühlend sein Gesicht.

Lilly grinste. Pferdesex kam gleich nach Elternsex, peinlich. »Komm, lassen wir Frodo in Ruhe frühstücken ... Gleich ist Schluss mit lustig. Du bist mit Meryam zum Cavaletti-Training verbredet.« Sie verteilte eine Ladung Einstreu in der Box.

»Sie gibt nie auf, oder?« Matayo schüttelte den Kopf. »Armer Frodo! Das war's dann mit Feiertagsspeck, da musst du wohl ran und deine hübschen Beinchen heben ...«

»Er hat doch Spaß dran! Frodo ist das geborene Springpferd.« Lilly verteidigte Meryam nicht gerne, im Umgang mit Menschen war ihre Stiefmutter furchtbar ruppig und ungeschickt. Für die Vierbeiner hatte sie jedoch ein Händchen, ohne Frage, sie holte aus jedem das Beste heraus. Egal, mit welchem Pferd sie bei Turnieren startete, Meryam brachte immer einen Pokal mit nach Hause.

Nur mit Zora hatte sie ihre Schwierigkeiten und Lilly fand das gut so. Zora war die Lieblingsstute ihrer Mutter gewesen und Meryam gelang es nur unter Aufbietung all ihres reiterischen Könnens, die eigensinnige Stute zu bändigen. Selbst dann waren die beiden alles andere als ein erfolgreiches Gespann, es fehlten Grazie und Anmut, jede Figur, jede Bewegung im Dressurviereck wirkte gequält.

Keine Spur von Leichtigkeit und Eleganz, wie man sie sonst von Meryams Darbietungen gewöhnt war. Es wirkte, als reite sie einen Ackergaul, so energisch musste sie auf die Stute einwirken.

Dabei hatte Zora früher eine goldene Schleife nach der nächsten mit in den Stall gebracht. Früher. Damals, als Lillys Mutter ihrem besonderen Reitstil zum Trotz Erfolge feierte. Meryam hielt nichts von Freiheitsdressur, Halsring und all diesen Dingen, sie bevorzugte die klassische Reitweise.

Lilly hatte keine Schwierigkeiten, Zora und sie waren ein Herz und eine Seele. Matayo machte sich regelmäßig lustig über das Gespann, das ohne einander nicht sein konnte. Wo immer Lilly auf dem weitreichenden Gelände des Waldhofs unterwegs war, eins war so sicher wie der Hufnagel im Hufeisen: Kurz darauf tauchte Zoras roter Schopf hinter ihr auf, denn die Stute besaß unglaubliche Talente. Gattertür öffnen, hohe Zäune überwinden, Führseil lösen oder aus der Box befreien. Egal, wie fest man den Riegel vorschob, Zora gelang jedes Mal der Weg ins Freie. Längst hatte man es aufgegeben und ließ Zora ihren Willen. Deswegen wunderte sich Lilly auch nicht, als Zora ihr jetzt beim Ausmisten in den Rücken stupste.

»Ich habe leider keine Zeit ...« Lilly pustete ihr zärtlich in die Nüstern und Zora schnaubte zurück. »Frieda feiert Hochzeitstag und Matayo schafft das ohne unsere Stallmeisterin nicht alles allein. Er braucht mich! Heute Nachmittag, versprochen! Da reiten wir aus, im Schnee, okay?«

Doch aus dem versprochenen Ausritt wurde nichts. Meyram kam mit der denkbar schlechtesten Laune in den Stall und trainierte dann hintereinander Frodo, Merry, Pippin, Shakira, Bella und Bilbo. Das bedeutete Pferde putzen, satteln, trocken reiten, putzen, satteln, trocken reiten. Dazwischen Ausmisten, Pferde auf die Koppel bringen und Leyla und Jo dabei helfen, die Sattelkammer aufzuräumen. Und nach Gigi schauen, die ihr erstes Fohlen erwartete und daher unter besonderer Beobachtung stand.

Am Nachmittag interessierte sich ein Vater für die Gepflogenheiten des Hofes, er suchte einen Stall für das Pferd seiner Tochter. Lilly führte ihn überall herum, beantwortete geduldig sämtliche Fragen bezüglich Fütterung und Einstreu, bevor er dann zu Paul ins Büro verschwand, um die Formalitäten zu regeln. Danach standen die Vorbereitungen der Abendfütterung an.

Als Lilly dann endlich Zeit hatte, war es längst dunkel und Stallruhe angesagt. Zora hatte sich in ihre Box verzogen und blinzelte Lilly unternehmungslustig an, als diese zu ihr trat.

»Du meinst, schlafen ist was für Fohlen?« Lilly lehnte müde ihre Stirn gegen den Kopf der Stute. »Was für ein Tag! Manchmal habe ich das Gefühl, das hier ist ein Bienenkorb und kein etablierter Pferdehof! Dieses ständige Kommen und Gehen. Und mein Vater macht Stress, weil ihm die Leute fernbleiben. Kein Wunder, dass bei der Hektik die Stuten nicht aufnehmen. Wundert dich das? Mich nicht ...« Während Lilly sich Frust und Ärger von der Seele redete, hatte sie Zora in die Reithalle geführt, wenigstens ein bisschen Bewegung sollte die Stute an diesem Tag haben. Doch die dachte nicht daran, sondern blieb mitten im Eingang stehen.

»Du meinst, hier nicht?« Lilly runzelte die Stirn. »Hast

recht, lass uns spazieren gehen ...« Schnell holte sie Halfter und Strick und für sich selbst die Daunenjacke. Dann marschierten sie los, der Schnee dämpfte ihre Schritte. Auch so hätte sie niemand aufgehalten. Lillys Vater ging so spät nicht mehr vor die Tür. Er war ein ausgezeichneter Springreiter, der nach einer erfolgreichen Saison nun die Winterruhe pflegte. Und sowieso hielt sich Paul gerne aus allem raus, weil er weder für seine neue Freundin noch für seine Töchter Partei ergreifen wollte.

»Ist gerade alles kompliziert, oder?«, meinte Lilly zu Zora. Viel zu kompliziert für eine Vierzehnjährige, wie sie fand. »Sollen sie doch alle am Ofen sitzen und sich die Füße wärmen ... Uns macht die Kälte nichts aus, oder?« Lilly hatte die Hände in der Jackentasche vergraben, sie brauchte Zora nicht zu führen, die lief wie ein Hündchen neben ihr her. Sie nahmen den schmalen Pfad zwischen dem Gatter hindurch Richtung Wald, der bei Dunkelheit und Schneetreiben kaum zu erkennen war. »Zur Ruine?«

Lilly hatte keine Angst. Auch in dieser Nacht nicht, die dunkler als sonst erschien, obwohl der Mond hell am Himmel stand, dicke Schneeflocken fielen und alles in ein bizarres Weiß tauchten. Plötzlich wurde ihr kalt, vielleicht hätte sie sich noch ein paar dicke Strümpfe anziehen sollen. Lilly fror sonst nie.

»Ein kuscheliges Bett wäre doch nicht die schlechteste Idee, was?« Schwungvoll zog sich Lilly auf Zoras Rücken.

Im dichten Schneegestöber ging es nun voran. Zora prustete genüsslich, sie liebte diese nächtlichen Ausflüge. Als hätte sie den ganzen Tag über nur darauf gewartet. Endlich raus! Endlich frei! Lilly lehnte dicht über der Mähne auf Zoras Hals und atmete tief den warmen Geruch, der von ihrem Fell ausging. Die Hände hatte sie unter der Mähne vergraben, ein wohliges, geborgenes Gefühl, während Zora zügig ausschritt. Schon kam die Ruine zwischen den kahlen Bäumen in Sicht.

»So still. Ist es nicht wunderschön hier?« Lilly ließ sich von Zoras Rücken gleiten und rücklings in den Schnee fallen. Zora schnaubte zur Antwort und trabte ein paar Meter, um unter der Schneedecke nach ein paar Grasbüscheln zu suchen.

Der Nachthimmel über ihr war stockfinster und schneehell zugleich, es war ein Leichtes, die Flocken mit der Zunge aufzufangen. Scharfer Wind setzte ein, ließ die Bäume rascheln und knacken, und plötzlich stürmte und heulte es aus allen Ecken, Wolkenfetzen jagten vorüber, gaben immer wieder den Blick frei auf den Vollmond, der groß und rund die Ruine beschien. Die Luft war ein einziges Zischen und Rauschen, ein unglaublicher Lärm.

»Die Wilde Jagd«, flüsterte Lilly ergriffen. Ihre Mutter hatte ihr früher immer von dem Geisterzug aus der germanischen Mythologie erzählt, der zwischen Weihnachten und dem Dreikönigstag durch die Lüfte jagte.

»Zora, das ist kein gutes Omen ... oder hörst du Musik? Dann bringen sie gute Nachrichten für das neue Jahr.« Lilly lauschte angestrengt in die Dunkelheit. Ebenso schnell, wie sich die Luft emporgerauscht hatte, hatte sich alles wieder beruhigt. Kein Wind, kein Getöse. Es hatte sogar aufgehört zu schneien.

Die Stute tänzelte unruhig und legte die Ohren an, Lilly konnte sie kaum an Ort und Stelle halten.

»Schscht. Alles gut, es ist vorbei. Das waren nur Frau Holles Reiterinnen, die wünschen uns ein frohes, neues Jahr ...« Lilly tätschelte Zoras Hals und redete sich Mut zu, ganz wohl war ihr bei der Sache nicht. Zumal sich hinter einer Mauer ein Schatten bewegte, der jetzt langsam auf sie zuzukommen schien. Kein Wildschwein oder Wolf. Eindeutig ein Mensch. Genauer gesagt: ein Junge mit Mütze und Hoodie, der jetzt ebenso überrascht zu Lilly herüberblickte wie sie zu ihm.

»Hast du sie auch gesehen? Und die Musik gehört?«, rief er ihr zu. Seine Stimme klang warm und weich, legte sich sanft wie der Schnee auf ihr Ohr und prickelte beim Auftauen.

»Ja.« Ihre Antwort hinterließ Atemkringel in der Luft, sie stand immer noch fassungslos da. Nie im Leben würde ihr jemand glauben, dass sie gerade Zeugin der sagenumwobenen »Wilden Jagd« gewesen war.

Er trat einen Schritt auf sie zu, im Mondlicht konnte sie nur eine Gestalt, kein Gesicht erkennen. Er schien noch etwas sagen zu wollen, doch dann drehte er sich auf dem Absatz um und war ebenso schnell in der Dunkelheit des Waldes verschwunden, wie er aufgetaucht war.

Liebe Ana,

das erste Weihnachten ohne Papa! Es war ein furchtbarer Abend voll aufgesetzter Fröhlichkeit. Alle haben so getan, als ob. Was für ein Theater! Glaubt sie wirklich, ich merke das nicht? Wie kann sie so tun?

Ja, sein Tod war eine Erlösung für ihn, sein Leiden hatte endlich ein Ende. Auch ich tröste mich damit. Warum musste Papas Leben überhaupt ein Ende haben? Warum diese schreckliche Krankheit? Ich muss immer nur daran denken. Warum hat er nicht mehr um sein Leben gekämpft? Mich hat er zum Kämpfen ermuntert, mir Mut zugesprochen, wenn ich verzweifelt war. »Nicht aufgeben, niemals! Neue Wege finden!«, hat er immer zu mir gesagt. Und er selbst?

Sie ist wie ausgewechselt, du müsstest sie mal erleben! Echt nicht wiederzuerkennen ... wie entfesselt wirbelt sie durch die Wohnung, Kartoffelsalat, Lichterketten, Geschenke ... natürlich waren wir auch in der Kirche, halleluja. Ich erspare dir die Einzelheiten, ich saß mit tief gezogener Mütze in der hintersten Reihe und habe alles über mich ergehen lassen. Kampflos. Was

hätte es auch gebracht außer Unfrieden und
Streit, und das auch noch an Weihnachten?
Nach allem, was passiert ist, war ich müde.
Und ganz ehrlich: Ich will mich auch nicht
mehr wehren. Ich will meine Ruhe. Endlich ein normales Leben führen. Wie soll
das gehen? Hier, an diesem furchtbaren Ort,
spießig und langweilig, wie Neubausiedlun-
gen nun mal sind. Und was ist überhaupt
normal?

Die Stadt selbst ist öde. Alles
eng, ganz klein, hässlich und
alt. Ach was, Stadt! Ver-
glichen mit Hamburg leben
wir hier in einem Dorf! Ein
paar Schritte hinaus und du stehst mitten
in der Pampa, call it Wald! Selbst jetzt
im Winter ahnst du grüne Hügel und Täler,
sanfte Bächlein. Kein angelegter Garten wie
Planten & Blomen, Natur pur für Pseudo-
Öko-Freaks mit E-Bikes. Gerade etwas zuge-
schneit, eintönig und kalt, aber das macht,
dass ich mich wie zu Hause in Hamburg fühle, manchmal regnet es auch. Dann schließe
ich die Augen und stelle mir vor, wir bret-
tern mit den Longboards an der Alster entlang. Du mit deiner knallorangenen Mütze
auf und ich mit eng geschnürter Kapuze,
die Geräusche der Stadt im Rücken und die

Sicht grau verhangen. So träume ich mich weg, nur so sind die Tage erträglich. Wenn ich alleine draußen stundenlang herumstromere, im Wald, bei der Ruine, nur ich und die Natur und über mir der Himmel, so fern und doch so nah. Wie Papa.

Aus der Ferne, Fran

PS: Falls du dich wunderst: Es lag auch unterm Weihnachtsbaum kein Handy. Sie meint, dann gäbe es auch keine Probleme mehr. So einfach ist das! Deswegen schreibe ich dir jetzt Bilder.

Väter eben

Schon wieder so ein Traum. Oder war es wirklich passiert? Lilly schüttelte sich, kniff sich in die Arme, kratzte Schnee von der Fensterbank. Immer noch hatte sie alles ganz deutlich vor sich, spürte das Rauschen in ihren Ohren. Die Anwesenheit der durch die Winterluft preschenden wilden Reiter:innen, diesen Jungen, der ebenfalls dem Spektakel beigewohnt hatte. Wie oft schon war sie in der Ruine gewesen, Stunden hatte sie zwischen dem verfallenen Gemäuer und den tief hängenden Bäumen verbracht, zu jeder Tages- und Nachtzeit, egal, ob im Sommer oder wie jetzt im tiefen Winter. Niemals hatte sie auch nur ein Mensch dort gestört, niemand verirrte sich dorthin, nicht einmal Wildschweine. Die Ruine lag weit entfernt von irgendwelchen Wanderwegen am Fuße eines Wiesenhanges, dort sagten sich Hase und Igel Gute Nacht. Wie kam der Typ dorthin?

»Hey, träumst du? In der Zwischenzeit habe ich dreimal ausgemistet ...« Matayo schob sie unsanft zur Seite. »Was ist, hast du etwa geweint? Jetzt mach dir doch nichts aus den Kommentaren der anderen! Das ist doch längst vergessen!«

»Wie bitte?« Rasch fuhr sich Lilly über die Augen und löste sich von Zoras Hals. Verlegen betrachtete sie das nasse Fell. Zurzeit passierte ihr das öfter. Von jetzt auf gleich fühlte sie einen dicken Kloß in ihrem Hals und sich zum Losheulen traurig, sie konnte fast nichts dagegen tun. Außer sich von Zora ausgiebig trösten lassen, wie an diesem Morgen nach ihrem nächtlichen Abenteuer.

»Es war ein Traum, oder?«, murmelte sie und zupfte an Zoras Mähne herum, bevor sie sich zu ihrem Bein beugte. »Ich weiß nur noch nicht, ob es ein guter oder ein schlechter war. Der Tag heute ist schon mal scheiße. Dass du verletzt bist, sowieso.«

Am Frühstückstisch hatte es Streit gegeben, dabei war heute Silvester. Grund, das Jahr zufrieden und ruhig ausklingen zu lassen, auf die Erfolge der vergangenen Turniersaison anzustoßen und sich über die gesunden Jährlinge zu freuen. Doch Eve saß mit denkbar schlechter Laune vor ihrem Müsli. »Ich fühle mich wie ein Streuselkuchen«, beschwerte sie sich.

»Ist doch nicht schlimm, Periodenpickel hat doch jede von uns!«, versuchte Lilly, ihre Schwester zu trösten, und meinte es lieb. Doch das waren nicht die Worte, die Eve hören wollte.

»Eben nicht! Das liegt an deinen Pferdeklamotten, die du überall herumliegen lässt! Du weißt doch, dass ich allergisch reagiere!«, rief die ältere Schwester. »Das dauert Stunden, bis ich die alle überschminkt habe.«

»Hast ja Ferien!«, gab Lilly grinsend zurück. So schnell hatte sie kein Mitleid mit Eve. »Und wenn ich mich nicht täusche, schminkst du dich doch für dein Leben gern.«

Meryam machte die Sache nicht besser. Sie hatte Paul eine dicke Mappe auf den Teller geknallt, dass der Kaffee überschwappte. Lilly zuckte zusammen. Das erste Mal, seit sie auf dem Hof eingezogen war, hing der Haussegen schief, und zwar gründlich. Lillys Eltern hatten sich nie gestritten, so unterschiedlich sie auch waren. Paul war ein erfolgreicher Springreiter, der auf Bilbo jede Menge Pokale und Medaillen auf den Waldhof holte. Iris hatte die freiheitliche Methode geliebt und war am liebsten blank und nur mit Halsring geritten. Die beiden waren ein Herz und eine Seele und voller Liebe für ihre Pferde. Kurz nach Lillys zehntem Geburtstag war Iris urplötzlich an Krebs erkrankt und innerhalb weniger Monate verstorben. Eine schwere Zeit für den Waldhof, von der sie sich alle nur langsam erholten.

»Das sieht nicht gut aus ...« Matayo tastete jetzt nach Zoras rechtem Vorderbein, das Sprunggelenk wirkte geschwollen. »Die Sehnen sind auch ganz heiß. Was um Himmels willen hast du denn gemacht?«

»Mein Pferd schikaniert, was sonst? Über tiefste Gräben gesprungen und die matschigsten Pfade entlanggaloppiert, oder was denkst du von mir?«

Lilly seufzte. Auch deswegen war Meryam vorhin ausgerastet. Zora war verletzt, das war schlimm genug. Noch schlimmer: In diesem Zustand konnte sie nicht zum Verkauf präsentiert werden und für heute hatte sich ein interessierter Käufer angekündigt, dem sie jetzt absagen musste. Am allerschlimmsten war, dass Meryam Lilly beschuldigte, dies mit Absicht getan zu haben. Lillys Vater war stinksauer, es gab ein Donnerwetter sondergleichen. Er hatte sich endlich von Meryam dazu überreden lassen, Zora zu verkaufen. Dabei hatte er einst hoch und heilig versprochen, sie im Andenken an Iris zu behalten. Doch die Stute ging nicht mehr auf Turniere, weil sie sich von niemandem reiten ließ, und war deshalb in Meryams Augen auch als Zuchtstute nicht geeignet. Was sollte der Hof also mit dieser unnützen Fresserin? Das waren ihre Argumente und angesichts der roten Zahlen auf dem Konto hatte der Vater zähneknirschend nachgegeben. Interessierte Käufer:innen für die prachtvolle Fuchsstute gab es mehr als genug, sie genoss innerhalb der Reiter:innenszene einen exzellenten Ruf.

»Du meinst, diesmal machen sie wirklich ernst?« Matayo legte Lilly mitfühlend den Arm auf die Schulter.

»Ich sollte sie in der Bahn präsentieren, aber mit dem Bein …« Lilly schluckte, sie schüttelte den Kopf. »Nachher kommt Doktor Grabowski.«

»Ich denke, essigsaure Tonerde und Ruhe reichen, da brauchen wir keinen Tierarzt für«, murmelte Matayo. »Oder du holst ein paar Handvoll Schnee von draußen.«

»Nix da, Finger weg. Ab sofort wird Lilly Zora nicht mehr anfassen!«

Unbemerkt war Paul hinzugetreten. Er wirkte aufgewühlt und verärgert. »Wie oft habe ich dir schon verboten, mit ihr auszureiten! Du weißt, wie eigensinnig sie ist. Du hast sie überhaupt nicht unter Kontrolle!«, polterte er weiter. Matayo suchte eilig das Weite. Streitereien zwischen Vater und Tochter waren ganz sicher nicht für seine Ohren bestimmt.

»Ich bin nicht ausgeritten!«, versuchte sich Lilly zu verteidigen. *Wir haben nur einen kleinen Spaziergang unternommen,* fügte sie in Gedanken hinzu.

»Lüg mich nicht an. Eve hat dich gesehen.«

War ja klar, dass Eve petzte.

»Ach ja? Wieso glaubst du ihr mehr als mir?« Sie schluckte die Tränen hinunter. Niemals würde sie zulassen, dass ihr das Liebste auf der Welt genommen wurde. Das Einzige, was ihr von ihrer Mutter geblieben war.

»Du willst Zora doch nur loswerden, weil sie nicht in deinen spießigen Reitbetrieb passt. Sie ist nun mal kein braves Dressurpferd, das auf Sporen und Kandare reagiert! Um Zora zu reiten, brauchst du keine Peitsche, sondern Gefühl. Viel Gefühl.«

»Du willst mir doch nicht etwa sagen, wie ich Zora zu reiten habe!« Paul hielt ihrem Blick stand.

»Bist du sie überhaupt schon mal geritten?«

»Zora ist wild und unbändig. Kein Reitpferd für jeden Tag.« Paul ging gar nicht weiter auf ihre Frage ein. »Es war ein Fehler, sie überhaupt so lange hier auf dem Hof zu behalten. Ich hätte sie schon längst verkauft, aber sie ist ja ständig verletzt!«

Jetzt musste Lilly heimlich grinsen. Zora besaß das unglaubliche Talent, immer dann eine Verletzung vorzutäuschen, wenn sich Käufer:innen angemeldet hatten. Sobald der Termin dann verstrich, geschah eine Wunderheilung und sie galoppierte davon, als sei nichts gewesen.

»Die einzige Chance jetzt ist das Turnier! Meryam ist eine ausgezeichnete Reiterin. Sie wird ab sofort Zora trainieren.«

»Zora ist Mamas Pferd.« Vor ihrem geistigen Auge sah sie dieses Training schon vor sich: stundenlanges Zirkeltraining, enge Wendungen, schräge Sprünge und immer wieder und wieder Gymnastik über die Stangen. Schritt, Trab, Galopp im Wechsel, bis einem schwindlig wurde. Dazu Elektrosporen, Gerte …

»Du wirst Zora nicht mehr reiten, haben wir uns verstanden?« Mit diesen Worten machte Paul auf dem Absatz kehrt und verließ den Stall.

»Das werden wir ja sehen! Ohne mich habt ihr keine Chance, sie überhaupt zu präsentieren!«, rief Lilly ihm hinterher.

Dann flüsterte sie Zora ins Ohr: »Pah, Paul weiß genau, was er an dir hat. Ich werde dafür sorgen, dass dich Meryam in Zukunft in Ruhe lässt. Es gibt genügend andere Pferde im Stall. Soll sie die doch reiten.«

»Wenn er Zora verkauft, wäre das sein Ruin. So eine wertvolle Zuchtstute bekommt er nie wieder.« Matayo war wieder unbemerkt in die Box getreten, er hatte Verbandszeug dabei. »Komm, meine Hübsche, lass dich von deinem Lieblingspfleger verarzten … tut auch nicht weh!« Konzentriert umwickelte er Zoras Bein dick mit Lappen und einer Bandage, was die Stute ausnahmsweise willig geschehen ließ. »Drei Tage Stallruhe und du galoppierst wieder mit den Jährlingen um die Wette!«

»Solange Meryam das boykottiert, wird das nichts mit einem Fohlen von Zora«, meinte Lilly seufzend und tätschelte Zora den Hals. »Ich verstehe das nicht. Einerseits macht sie Stress, weil der Hof in einer miserablen wirtschaftlichen Lage ist. Und andererseits verhindert sie alles, was sich verbessern könnte. Zora hat hervorragende Erbanalagen, wir könnten es doch mal versuchen …«

»Wundert dich das? Zora ist Meryam ein Dorn im Auge! Die Stute ist die Einzige, die sich ihr immer wieder verweigert.«

»Und sie erinnert sie an Mama und *ihre* Reitweise … schon klar.« Lilly schluckte.

Mit Meryam als Bereiterin wehte seit ein paar Jahren ein anderer Wind im Stall. Pferde waren für sie Sportgeräte und für die gab sie alles, das Beste war gerade gut genug. Alles war durchgetaktet und bis ins Kleinste organisiert, sauber, ordentlich, ein Vorzeigestall. Es gab Futter- und Trainingspläne, Führmaschinen, Laufband, Solarium und Aquafitness. Viele Reiter:innen folgten begeistert Meryams Trainingsplänen, ihren Anweisungen. Fortschritte und Turniererfolge gaben ihr recht, die Wand in der Sattelkammer hing voller Medaillen, in der Futterkammer eine Liste mit Nahrungsergänzungsmitteln. In der Turniersaison starteten sie jedes Wochenende, sogar bundesweit, und immer mit Erfolg. Nur in jüngster Zeit waren die Pferde immer verletzungsanfälliger geworden, Doktor Grabowski kam beinahe täglich zur Visite und niemand wusste genau, warum. Auch die Stimmung untereinander war mies, neidvoll guckte man auf die Prämien der anderen. Eine nervöse Unruhe hatte sich eingestellt, regelmäßig flatterten neue Kündigungen ins Haus.

»Von Meryam kann man viel lernen! Dank ihr ist unsere

Anlage in der ganzen Pferdefachwelt bekannt. Der Paddock, die unzähligen Weiden! Viele wünschten, sie hätten so ein Laufband ... Der Waldhof ist ein sehr moderner Reitstall«, behauptete Matayo und bedankte sich bei Zora mit einem liebevollen Klaps.

»Aber ohne Liebe«, flüsterte Lilly Zora in die Nüstern. Die schnaubte zurück, als ob sie verstanden hätte.

»Ich will meinen Job nicht verlieren, ich kann meinen Eltern nicht auch noch auf der Tasche liegen. Sie haben mit meinen drei Geschwistern genug zu tun«, wiederholte Matayo seine Befürchtungen. »Uns muss etwas einfallen, damit die Leute endlich wieder ihre Pferde bei uns einstellen und nicht so viele Boxen leer stehen.«

»Ich muss Papa davon überzeugen, dass er getrost all diese modernen Geräte verkaufen kann, wenn er sich wieder für eine natürliche Reitweise einsetzt. Die Koppel steht unter Wasser ... das ist Kneippkur genug, oder?«

»Wenn die Besitzerinnen ihre Edelpferde denn draufließen ...« Matayo schüttelte den Kopf, für ihn waren das alles Luxusprobleme. »Die haben doch alle Schiss, dass sie sich einen Schnupfen holen. Oder Strahlfäule ...«

»Oder Koliken. Oder, oder ... schon klar. Wer sein Pferd in Watte packt, muss sich nicht wundern. Nur: Wie vermittelst du das? Sie haben Hunderte von Euros hingeblättert, damit ihren Lieblingen nichts passiert.«

»Apropos ... bleibt es bei heute Nacht? Stallwache, wie immer?«

»Wie könnte ich eine andere Verabredung haben ...« Lilly grinste. Dann fügte sie hinzu: »Eve hat jetzt schon Stress, weil sie nicht weiß, in welchem Outfit sie sich in ihrem Silvesterlivestream präsentieren soll. Das Problem haben wir nicht, oder?«

»Wenn sie mit uns feiern würde, hätte sie das auch nicht!« Matayo lächelte traurig.

»Und warum macht sie es nicht? Hast du sie gefragt?«, hakte Lilly nach.

»Ich habe ihr eine Nachricht geschickt, sie hat null reagiert ...«, gab er kleinlaut zu.

»Das wird schon! Nächstes Jahr!« Lilly klopfte ihm aufmunternd auf die Schulter. Es tat ihr leid, ihren Kumpel so schmachten zu sehen und gleichzeitig zu wissen, dass Eve währenddessen mit ein paar Freundinnen vor der Webcam saß und ihr das alles ganz egal war. Sie feierte mit Bleigießen, Konfettiorakel und Prosecco die letzten Stunden des Jahres. Niemals würde sie einen Fuß in die dekorierte Sattelkammer setzen, wo alle anderen auf dem Hof ausgelassen tanzten und Spaß hatten.

»Schau, das ist ihre Neujahrsbotschaft.«

»Zeig her!« Lilly tat Matayo den Gefallen und ließ sich das Video vorspielen, das sie insgeheim längst gesehen hatte und zum Kotzen fand. Obwohl es perfekt war.

»Hallo, meine Lieben!«, winkte eine glitzrig gepuderte Eve in die Kamera, das Ringlicht zauberte ein Strahlen in ihre Augen. Sie war perfekt geschminkt, hantierte mit Foundation, Highlighter und Blush und zeigte ihren Zuschauer:innen, wie sie ihre Wangen besonders gut betonen konnten.

»Ich weiß nicht.« Er wirkte geknickt. »Ich könnte ja einfach zu ihr gehen. Da ist nur die Sache mit der Pferdeallergie.«

»Du meinst, du musst dich entscheiden, für wen dein Herz schlägt? Na, dann kenne ich ja die Antwort.« Lilly runzelte die Stirn. Matayo hatte früh gelernt, Verantwortung zu übernehmen, seit seine Familie geflüchtet war. Er war die Fürsorge in Person und ein umsichtiger Pferdemensch, der nie im Leben seine geliebten Vierbeiner vernachlässigen würde. Und wie jedes Jahr zu Silvester galt es um Mitternacht, die Pferde zu beruhigen und aufzupassen, dass kein Feuerwerkskörper in die Stallungen krachte. Ein Brand wäre eine Katastrophe! Sein Herz hatte sich bereits entschieden.

Normalerweise liebte Lilly die Zusammenkünfte mit den anderen in der Sattelkammer. Die hatten einfach Tradition auf dem Waldhof. Hier war ihr Zuhause, hier konnte sie sein, wie sie war, und musste sich nicht verstellen. Außerdem ging es nur um Pferde, Pferde und noch mal Pferde. Die Besitzer:innen der eingestellten Turnierpferde besuchten an diesem Abend irgendwelche Galas mit Abendrobe und Champagner, die Stall- und Voltigierkinder mussten zu Hause mit ihren Eltern feiern. So waren lauter echte Pferdemenschen da: die Bereiter:innen Dimitrios und Lucy, Frau Erna, die Talkötters und natürlich Stallmeisterin Frieda und ihre Frau. Manchmal auch Doktor Grabowski. Doch an diesem Abend wollte Lilly alleine sein. Jene nächtliche Begegnung hatte sie aufgewühlt. Immer wieder meinte sie, ein Rauschen im Wind zu hören, als würden Stimmen zu ihr sprechen und ihr jemand etwas sagen wollen. Oder die Nähe dieses Jungen zu spüren. Zudem bereitete ihr Zoras Verletzung Sorgen. Was, wenn sie sich diesmal wirklich vertreten hatte? Doch als Lilly eine Stunde vor Mitternacht zu ihrer Lieblingsstute in die Box trat, war das Sprunggelenk kaum noch geschwollen.

»Siehst du, es geht nichts über Hausmittel«, murmelte sie und klopfte der Stute den Hals. »Wenn du übermorgen wieder fit bist, gehen wir wieder spazieren ... vielleicht ist er dann auch noch mal da. Was meinst du?«

»Von wem redest du?«

»Was? Was machst du hier?« Erschrocken drehte sich Lilly um. Ihr Vater stand in der offenen Boxentür. Müde sah er aus, als ob er bis gerade eben im Büro gearbeitet hätte.

»Es ist immerhin noch mein Stall, schon vergessen?«

»Ach ja? Ich dachte, der gehört jetzt Meryam ...« Es war ihr so rausgerutscht.

»Sie arbeitet hart. Jeden Tag. Ich wünschte wirklich, ihr würdet euch besser verstehen«, seufzte Paul. »Das wäre doch mal ein Vorsatz fürs neue Jahr. Offensichtlich ist das zu viel verlangt!«

»Kannst ihr ja vorschlagen, sie soll Zora und mich in Ruhe lassen, dann wird das vielleicht was. Sie hat ja ständig etwas an mir herumzumeckern. Das hat sie wohl von dir!«

»Meryam versteht sehr viel von Pferden ...«

»Ach ja?« Lilly gähnte demonstrativ. Wie oft hatte sie das schon gehört.

»Bitte. Gib ihr doch eine Chance! Und mir auch.« Paul stand jetzt vor Lilly und drehte sie zu sich. Seine Hände lagen schwer auf ihren Schultern.

»Lass mich.« Sie versuchte, ihn abzuwehren.

»Bitte, Lilly. Mir geht unser Streit von vorhin nicht aus dem Kopf. Können wir bitte reden? Ich weiß, du denkst, ich verrate das Andenken deiner Mutter«, machte Paul unbeirrt weiter.

Wieso fing er jetzt damit an? Über Mamas Tod wollte sie nicht sprechen, zu schmerzhaft war die Erinnerung. Lange her und doch nicht vergessen.

»Ist dir mal in den Sinn gekommen, dass mein Leben auch weitergehen muss und ich mich manchmal einsam fühle?« Paul setzte einen Dackelblick auf.

Warum nur missbrauchten Erwachsene immer ihre Kinder als Kummerkasten? Lilly interessierte sich doch nicht für die Liebesnöte ihres Vaters! Sie hatte mit Meryam aus ganz anderen Gründen Probleme!

»Meryam stellt hier alles auf den Kopf und kann mich nicht leiden. Merkst du das denn nicht?«

»Ich vermisse deine Mutter auch. Iris hatte ein Herz für Tiere, nur von Dressur- und Springreiten geschweige denn Pferdezucht keine Ahnung. Meryam hat aus dem Hof eine Goldgrube gemacht!«

»*Hat gemacht.* Die Betonung liegt auf der Vergangenheit. Oder was sollte das Theater heute früh?« Lilly runzelte die Stirn.

»Bitte, Lilly, ich will mich nicht mit dir streiten. Du musst dich endlich mit Meryam vertragen, sie meint es doch nur gut. Vielleicht kann Zora dann bleiben. Das ist doch das, was wir beide wollen.« Was er da sagte, war die reinste Erpressung.

Paul zog sie in die Arme. Er roch warm und würzig. Nach Papa. Lilly schloss die Augen. Ihr Vater hatte keine

Ahnung. Weder von Meryams Gehabe noch von Eves Lästereien, von dem Video neulich erst recht nicht. Dann löste er sich mit einem Ruck, nickte ihr noch einmal zu und verschwand Richtung Sattelkammer.

»Also gut, sind wir nett zu ihr, es ist unsere einzige Chance!«

Lilly seufzte und lehnte ihren Kopf an Zoras Stirn. »Mama hätte nicht gewollt, dass du verkauft wirst. Und ich will unbedingt wissen, wer dieser Typ war. Sobald du fit bist, reiten wir wieder hin und suchen ihn, okay?«

In diesem Moment böllerte es los. Lilly zuckte zusammen. Knaller konnte sie nicht leiden. Zora auch nicht.

Liebe Ana,

Ich hoffe, du bist wie immer wild ins neue Jahr getanzt! Mir war nicht nach Feiern. Lieber schlafen. Decke über den Kopf ziehen und nicht mehr aufwachen. Sie wollte mich überreden, mit auf die Brücke zu kommen, um mit ihr gemeinsam das Feuerwerk anzuschauen und anzustoßen, aber ich bin nicht mit. Da ist sie einfach alleine ohne mich los. Echt. Und hat versucht, mir ein megamieses Gewissen zu machen. Da ist sie bei mir falsch. Ihre Tränen rühren mich nicht. Ihr Theater soll sie anderen vorspielen, nicht mir, ich habe sie durchschaut. Ich weiß, was sie will. Dass sie mich nicht will.

Neues Jahr, neues Glück, ich kann es nicht mehr hören. Ich soll die Vergangenheit hinter mir lassen, sagt sie. Vergessen, was einmal war, wieder ganz von vorne anfangen. Sie will mit aller Gewalt, dass ich mich hier gut integriere: Die Schule, auf die ich gehen soll, ist eine Gesamtschule und genießt den besten Ruf. Sie hat wirklich alles, alles in die Wege geleitet, damit ich in diesem Kaff Fuß fasse. Gleich nach den Ferien trainiere ich im Fußballverein mit, ich bekomme Gitarrenunterricht und Nachhilfe in Französisch. Dabei vergisst sie leider, dass ich hier überhaupt nicht leben WILL. Sie zwingt mich dazu, ich habe keine andere Wahl. Neustart, sagt sie. Keine Chance, keine Ruhe, ständig schwebt sie um mich. Sie merkt gar nicht, wie sie mir die Luft zum Atmen nimmt, ganz eng fühlt sich alles an. Ich fühle mich wie eingesperrt. Plötzlich schlägt mein Herz wie verrückt, mir wird schwindelig und superübel, alles kreist durcheinander. Dann rauscht das Blut in den Ohren und im Kopf und im Körper und überall, dann klopft alles in mir und ich habe das Gefühl, ich breche zusammen. Ich hatte so gehofft, diese Panikattacken wären vorbei!

Kennst du dieses Gefühl? Da ist die Welt so klein, dass man sie am liebsten mit an die Heizung nehmen möchte. In den Händen halten, warm pusten oder in die Hosentasche stecken, streicheln, behüten, einfach nur ein bisschen lieb haben. Alles in mir friert, die wärmenden Schichten von außen dringen nicht ins Innere, der Tee hat keine Chance. So viel Ingwer kann ich gar nicht essen! Ich möchte schlafen, die Augen verschließen, abtauchen ins Dunkle. Die Müdigkeit steigt mit der Kälte in mir auf, lähmt mich, macht mich leise und bedrückt, ich komme nicht dagegen an. So verbringe ich den Nachmittag im Bett, statt die Kartons in meinem Zimmer auszupacken. Ich höre Mutter, wie sie durch die Wohnung tanzt — wie kann sie nur. Papa ist gerade mal ein halbes Jahr tot, aber für Mutter war er es ja längst. Wäre er nicht so plötzlich gestorben, hätte sie sich von ihm scheiden lassen. Für mich wird er immer in meinem Herzen lebendig sein, ich werde nie vergessen, was er alles für mich getan hat. Für mich hat er immer wie ein Löwe gekämpft. Und für sich selbst hat die Kraft nicht mehr ausgereicht.

Wenn ich jetzt so tue, als sei nichts gewesen, kommt es mir wie ein Verrat vor.

Also ziehe ich mich an, Wollpullis, Fleece, Mütze, Schal, alles, was ich finden kann. Schleiche aus dem Haus und laufe sinnlos durch die dunklen Straßen, hinaus übers Feld in den Wald, dort ist eine alte Ruine, dort bin ich alleine. In der Kälte. Im Schnee. Ich will mit niemandem sprechen, niemanden sehen. Nichts hören, nichts spüren. Nie wieder. Nur dir schreiben, immerzu schreiben, das hilft. Du weißt gar nicht, wie sehr du mir fehlst!

Erfroren, Fran

Wegträumen

So startete Lilly mit gemischten Gefühlen ins neue Jahr. Eine unheilvolle Wolke voller Schnee und Unmut hing über dem Waldhof und vielleicht ging deswegen zu Beginn des neuen Jahres alles langsamer vonstatten als sonst. Nur Meryam trainierte eisern jeden Tag und Lilly verbrachte sowieso jede freie Minute im Stall. Bald würde sie wieder jeden Vormittag in der Schule lernen müssen, sie zählte jetzt schon die Wochen bis zu den Osterferien.

Wie immer empfing Zora Lilly mit einem sanften Wiehern und gab ihr zur Begrüßung einen Nasenstüber.

»Na du, wie geht es dir?« Lilly fuhr mit der Hand unter die Mähne und beruhigte sich augenblicklich. Lange stand sie so da und hielt sich an Zora fest, ließ sich von ihrer Wärme einhüllen.

»Du verstehst mich, oder?«, flüsterte sie. Zoras Schnauben hinterließ ein wohliges Gefühl. »Warum kann es nicht immer so sein?«

Nur langsam löste sich Lilly aus der Umarmung mit ihrem Pferd. Stück für Stück, Fellpartie für Fellpartie streichelte sie jetzt über Zoras Rücken. Tastete die Wirbel und die Muskulatur, spürte Verspannungen am Widerrist, im Rücken und hinten an der Kruppe.

»Wer hat dich denn so geärgert, mhm?«, murmelte sie zärtlich und wusste gleichzeitig die Antwort, während sie vorsichtig die Verhärtungen ausstrich und behutsam massierte. Zora schnaubte vor Wohlbehagen und ließ den Kopf hängen.

»Was meinst du, gönnen wir uns einen kleinen Ausritt? Das lockert die Beine. Ich habe gehört, du musstest ein anstrengendes Cavaletti-Training über dich ergehen lassen? Komm, das kriegen wir wieder hin ...« Lilly küsste Zora auf die Nüstern und wuschelte ihr durch die Mähne. »Die muss mal wieder verzogen werden, was?«

»Die gehört endlich abgeschnitten! Gleich morgen soll sich Matayo darum kümmern. Ich habe ihn schon mehrfach darum gebeten, er vergisst das immer wieder. Sonst muss ich es selbst tun!«

Lilly drehte sich erschrocken um. Meryam war unbemerkt zu ihnen in die Box getreten. Zora wich zurück und ihre Ohren spielten nervös. »Du willst Zoras ...«

Sie schaffte es nicht, den Satz zu Ende zu bringen. Zoras lange rote Mähne war ihr ganzer Stolz. Leicht und fedrig umspielte sie den Hals der Stute, beim Galopp wehte sie wie eine Fahne im Wind.

Meryam machte eine abfällige Bewegung. »So eine Mähne gehört getrimmt, das ist ja kein Zustand, völlig verwahrlost. Dieses Pferd muss endlich lernen zu gehorchen!«

»Zora muss gar nichts.«

»Doch. Geld verdienen. So einfach ist das. Wir können uns das nicht leisten, ein Pferd wie sie durchzufüttern, das weißt du genau. Sie muss endlich Leistung bringen! Ich werde im August auf ihr starten. Und jetzt sag mir nicht, dass das nicht geht! Zora ist früher locker die Lektionen gegangen ... Du hast doch deinen Vater gehört: Wenn du willst, dass Zora bleibt, sorgst du besser dafür, dass sie sich von mir reiten lässt. Und du wirst sie in Zukunft weder satteln noch mit ihr spazieren gehen, hast du mich verstanden?«

Meryam wollte Lilly aus der Box schieben, doch die war längst aus dem Stall gerannt – ohne Zora.

Lillys Füße liefen wie von selbst. Obwohl noch früh am Nachmittag, war es schon unangenehm dunkel, dichte Wolken hingen am Himmel. Der Wind raschelte in den Bäumen, kündigte ein Unwetter an.

Lilly merkte von alledem nichts. Völlig in Gedanken rannte sie durch den Wald, getrieben von einer unbändigen Wut, die nicht auszuhalten war.

»Das ist alles so was von gemein, gemein, gemein! Ungerecht, ungerecht!«, schrie sie in die aufsteigende Dunkelheit und ballte die Fäuste dabei. »Uargh!!!«

Tiefe, unbekannte Laute drangen aus ihrer Kehle und brodelten alles hervor, was sich in den letzten Wochen und Monaten in ihr aufgestaut hatte. Alles musste raus.

»Nichts als Ärger, Ärger, Ärger! ... Und nie wieder Zora reiten? Wie soll ich das aushalten? ... Und Eve! Sie ist so gemein und hinterhältig! Sie gibt mir die Schuld für alles. Ich konnte doch nichts dafür! ... Mama ist einfach gestorben und hat mich alleine gelassen mit allem. Mein Vater interessiert sich nicht, mein Kumpel hält mich für einen Jungen!«

Wummp! Lilly war gegen etwas geprallt. Genauer gesagt war es ein Jemand. Und der hielt sie fest. Einfach so.

Dunkelheit umhüllte sie, ihre Nackenhaare meldeten Alarm, sie hätte sich losreißen müssen. Und doch: Sie fühlte sich so sicher gehalten wie noch nie in ihrem Leben. Da war jemand, an den sie sich anlehnen durfte. Hier. Jetzt. Einfach so. Allein die Berührung machte, dass sich Lilly augenblicklich entspannte. Sie schloss die Augen. Tauchte ein in eine wunderbare, warme Welt.

»Hey, was ist mit dir? Du zitterst ja! Brauchst du Hilfe?« Eine angenehm warme Stimme drang in ihr Ohr, rieselte von dort in ihren Bauch wie ein Regenmacher. Ein Rauschen, ein ohrenbetäubender Lärm, wie in jener Nacht. Und doch war alles ruhig. Lilly spürte Arme, die sie umschlangen. Atmete warme, weiche Haut und fühlte sich auf wundersame Weise behütet und beschützt. Obwohl alles dunkel und schwarz um sie herum war, erfüllte sie ein inneres Leuchten. Sie blieb einfach stehen.

Beim Aufwachen am nächsten Morgen fühlte sich Lilly immer noch von jener Umarmung umfangen, klopfte ihr Herz und gluckerte wohlig ihr Bauch. Hatte sie geträumt? War sie wirklich alleine bei der Ruine gewesen und jemand hatte sie umarmt? Hatte sie wirklich keine Angst gehabt? Egal, Lilly fühlte sich froh und wollte überhaupt nicht darüber nachdenken, ob das alles echt war. Gefühle passierten doch, oder? Und wenn sie passierten, waren sie echt. Sie rauschten wie der Wind in den Baumwipfeln, trieben einem die Wärme durch den Körper, kitzelten von Kopf bis Fuß und machten froh. Einfach nur froh. Warm eingekuschelt in ihre Decke, versuchte Lilly, die Erinnerung an jenen Moment im Wald festzuhalten, wieder und immer wieder. Flüchtig war er gewesen und hatte doch eine Ewigkeit gedauert. Es war, als wäre sie unter einen großen Flügel gekrochen, der sie festhielt, während rundherum die Welt aus den Fugen geriet. Sie schlief wieder ein.

Behütet und beschützt. Dieses Gefühl weckte Erinnerungen. Damals. Als sie noch ein kleines Mädchen war und zu ihrer Mutter ins Bett gekrochen war, sich die kalten Füße gewärmt und warm gekuschelt hatte. Ihre Decke wie einen Schutzpanzer um sich geschlungen, tauchte Lilly sicher und beruhigt ab, in sich, für sich. Sie roch sich, sie fühlte sich. Mochten die anderen sagen, was sie wollten, über sie lästern. In diesem Moment war das alles egal.

Etwas war mit ihr geschehen, von dem sie nicht genau sagen konnte, was es war. Unbeschreiblich und doch mit einem Wort zu benennen: Lilly fühlte Liebe. Tief und warm. Für sich. Für die Welt. Für den Jungen im Wald, der ihr begegnet war.

Es war jener Typ aus der Vollmondnacht, als die Wilde Jagd vorbeigerauscht war. Kaum ein Wort hatten sie miteinander gesprochen und trotzdem hatte Lilly das Gefühl, sie könnte ihm bedingungslos vertrauen. Verrückt. Es war völlig verrückt.

Lilly atmete tief durch, wohlige Wellen rieselten durch ihren Körper. Noch immer meinte sie, seine warme Hand in ihrem Rücken zu fühlen, das beruhigende Murmeln zu hören, den leisen Herzschlag zu spüren.

Und plötzlich war alles hell, ein Sommertag. Lilly lag auf einer bunten Decke auf einer Wiese, über sich ein grün wogendes Blätterdach. Die Sonne kitzelte warme Kringel auf ihre Wangen, ein fröhliches Lachen umhüllte sie. Jemand hob sie hoch und wiegte sie in seinen Armen, drückte lauter kleine Küsschen in ihre Haare, in ihr Gesicht, streichelte ihren Rücken und kitzelte sie am Bauch. Machte Punkt, Punkt, Komma, Strich. Dann wurde sie hoch in die Luft geworfen und sicher wieder aufgefangen, festgehalten. Und wieder hoch in die Luft, begleitet von nicht enden wollendem Jauchzen, Glucksen. Die Stimme sang ein Kinderlied in einer anderen Sprache, die Melodie summte in Lillys Ohren. Helles, unbeschreibliches Glück, beruhigend der leise Herzschlag. Jetzt konnte ihr nichts mehr passieren. Oder doch? Wolken schoben sich an den Himmel, plötzlich wurde alles düster, es knackste und knickste und das Bild bekam Risse. Plötzlich stand Lilly alleine, mitten auf der Lichtung im Wald, unter einem Torbogen. Auf der anderen Seite schien alles noch bunter und verlockender. Da wusste Lilly, dass sie bereit für den nächsten Schritt war. Sie musste nur mutig genug sein und der inneren Stimme folgen, die sie rief. Sie war auf dem richtigen Weg, aus dem Dunkeln ins Licht. Sie lächelte froh.

»Nein!« Eves Schrei riss sie unsanft aus ihren Träumen.

Mit einem Schlag glockenhellwach, sprang Lilly aus dem Bett. Sie lief ins Zimmer nebenan. »Was ist passiert?«

»Schau doch! Alles zu eng geworden. Ich pass da nicht mehr hinein!« Vergeblich versuchte Eve sich in eine Skinny Jeans zu zwingen.

»Äh, ja. Kein Wunder. Die Hose ist ja auch schon zwei Jahre alt … du bist gewachsen.« Lilly schüttelte den Kopf, beruhigt und genervt zugleich. Typisch Eve, deswegen solch ein Theater zu machen. Seufzend wandte sie sich ab. Wenn das Eves einzige Sorge war, konnte sie getrost wieder zurück in ihr Bett kriechen.

Wieder unter der warmen Decke versuchte sich Lilly die Erinnerung an ihren Traum zurückzuholen. Die Geborgenheit, das helle Lachen … genauso hatte sich die Umarmung des Fremden angefühlt, so nah, so intensiv, als wäre er ein Teil von ihr oder sie ein Teil von ihm. Gleich nach der Schule würde sie mit Zora zur alten Ruine reiten und nach ihm Ausschau halten. An so einem Ort traf man sich nicht zufällig, ohne dass es etwas zu bedeuten hatte. Und schon gar nicht zwei Mal hintereinander. Also schien eine dritte Begegnung nur logisch.

Mit strähnigen Haaren und Augenringen saß Eve später in der Küche und brütete über ihrem Tee vor sich hin. Lilly beobachtete aufmerksam jede ihrer Bewegungen. In ihrer morgendlichen Insta-Story hatte Eve den Fans weisgemacht, sie könne vor lauter Stress nicht mehr richtig essen, aber Lilly glaubte ihr kein Wort. Suchte sie nach einer Ausrede, weil heute die Schule wieder losging? Oder war es eine ihrer fixen Ideen, um ihre Abonnent:innen von dem Videodesaster von neulich abzulenken und Mitleidsbekundungen einzuheimsen? Eine grandiose Inszenierung, so wie alles an Eve eine Inszenierung war. Längst hatte sie neue Videos ins Netz gestellt, darunter ein Mustsee-Video zum Thema *Augenbrauen*. Die Community vergaß und vergab so schnell nichts. Eve musste sich also gehörig etwas einfallen lassen, um ihren Kanal wieder zum Laufen zu bringen.

»Wie wäre es mal mit etwas Nachhaltigem? Vollkornbrötchen zum Beispiel«, meinte Lilly und biss in ihr Honigbrot. »Alle Welt redet von Klimawandel, nur du feierst Konsum und Fast Fashion.«

Auch Meryam war von Eve genervt. »Oder iss ein gesundes Müsli! Da ist alles drin, was du brauchst.« Als Eve fünf Löffel Haferflocken mit einem Schluck Magermilch vermischte, wurde Lilly das Theater zu viel. Sie griff sich einen Apfel aus dem Obstkorb und lief hinüber in den Stall. Direkt zu Zora, die sie mit einem fröhlichen Wiehern begrüßte.

»Na, meine Gute! Hier kommen ein paar Vitamine ... und später reiten wir aus, versprochen, wir müssen noch mal in den Wald, zur Ruine. Weißt du, letzte Nacht, als ich dort war, alleine, ohne dich, hatte ich eine seltsame Begegnung ...«

Zora hatte den Kopf über Lillys Schulter gelegt und Lilly flüsterte ihr ins Ohr. Erzählte von dem Jungen, der sie so warm umfangen gehalten hatte, und von dem nächtlichen Traum, der dieses Gefühl weitergetragen hatte. Vergessen war die miese Stimmung am Frühstückstisch, Eves albernes Getue und Meryams Drohung von gestern Abend. Jetzt gab es nur Zora und Lilly. Noch ein Nasenstüber, drei Küsschen auf die Nüstern, ein tiefer Atemzug voll warmwürziger Stallluft, dann löste sich Lilly widerwillig, griff nach ihrer Schultasche und machte sich auf den Weg. Jetzt konnte ihr nichts mehr passieren.

Doch das Gefühl täuschte. Schon im Bus gingen wieder die üblichen Lästereien los, allen voran Yunus und Miranda.

»Hier riecht's nach Stall. Hast du keine Wechselklamotten?« – so prasselten die Sprüche auf sie ein. Lilly versuchte, wie immer auf Durchzug zu stellen, doch an diesem Morgen gelang ihr das nicht. »Stallmief, Pferdefurz«, dröhnte es in ihren Ohren. »Trampeltier! Gummistiefel, hahaha …«

Die Berührung des fremden Jungen hatte ihre Schutzhülle aufgeweicht, plötzlich war sie durchlässig für Gefühle. Alles, was sonst an ihr abprallte, knallte voll rein und setzte sich wie ein Stachel fest. Später im Matheunterricht konnte sie sich kaum konzentrieren, die binomischen Formeln zogen wie Hieroglyphen an ihr vorbei. Immer wieder musste sie an den Jungen im Wald denken. Träumte sie davon, ihn wiederzusehen, sich mit ihm zu unterhalten …

Klong! Klong! Papierkügelchen segelten auf ihr Heft. Lilly versuchte, sie zu ignorieren. Warum hörte Yunus nicht damit auf?

»Hey, Mistkäfer, heute schon geduscht?« Eine Wasserflasche landete direkt vor ihrer Nase. Warum ließ Miranda keine Gelegenheit aus, um sie zu ärgern?

Lilly spürte die Blicke der anderen, alle lauerten nur darauf, dass sie reagierte. Niemand ergriff für sie Partei, niemand setzte sich für sie ein, niemand verteidigte sie. Sogar die Lehrkräfte schauten weg. Furchtbar alleine war sie.

Als die Tür aufging und jemand den Raum betrat, ließ die Aufmerksamkeit schlagartig von Lilly ab. Ein hochgewachsener, schlaksiger Typ mit kurzen dunklen Haaren stand im Klassenzimmer. Lilly Herz setzte einen Schlag aus. Sie spürte es sofort: Das war er, der Fremde, der sie so warm und vertraut umarmt hatte. Sie lächelte ihm zu, doch er blickte einfach durch sie hindurch. Lief cool und unnahbar an Miranda und Yunus vorbei, um sich auf den freien Platz am Fenster zu setzen, und beachtete Lilly gar nicht. Enttäuscht senkte Lilly den Blick. Ausgerechnet er ein Neuer in der Klasse! Wo kam er jetzt mitten im Schuljahr her?

In der Pause standen alle um den Neuen herum, der sich als Fran vorgestellt hatte, und löcherten ihn mit Fragen.

»Woher kommst du?« – »Bist du sitzen geblieben?« – »Kannst du Chemie erklären?« – »Machst du Kickboxen? Oder spielst du Fußball?« Fran antwortete jedes Mal geduldig, nickte bei Chemie und Fußball und hatte alsbald mit seiner sympathischen Art die Herzen seiner neuen Mitschüler:innen gewonnen.

»Und was ist mit Pferden? Reitest du?«, fragte Miranda lauernd und machte mit dem Kopf eine abfällige Bewegung Richtung Lilly, die wie immer alleine an der Schulmauer stand.

»Uah, nee, da kriegt man bestimmt Flöhe.« Fran rümpfte die Nase. Dann drehte er sich weg und Lilly hörte ihn sagen: »Pferde sind was für Mädchen! Und außerdem finde ich es Tierquälerei! Welches Pferd springt schon freiwillig 1,60 hoch ...?« Der Rest seiner Worte ging in höhnendem Gelächter unter. Die Meute hatte in Fran einen Verstärker gefunden, der fortan keine Gelegenheit ausließ, um einen miesen Spruch nach dem nächsten zu bringen. Lilly stand da wie vom Donner gerührt. Wie konnte er nur?

Liebe Ana,

es ist furchtbar, furchtbarer, am furchtbarsten. Wie die Hyänen sind sie auf mich losgestürmt. Haben mich belagert und ausgefragt, wollten alles über mich wissen. Da gab es nur eine Chance: So tun, als ob, und erzählen, was sie hören wollten. Also, darf ich vorstellen: Hier schreibt dir Fran, der coole Bad Boy aus der Neun, der leider sein Handy gecrasht hat (Yunus will mir ein Neues organisieren, netter Typ), auf dem Fußballplatz zu Hause ist (wenn da nicht diese fiese Knieverletzung wäre) und eine Freundin in der alten Stadt hat (die Ana heißt, verzeih).

Mutter hat schon recht. Es steht so viel auf dem Spiel. Alles oder nichts. Wenn ich will, dass es aufhört, muss ich mich so verhalten, wie man es von mir erwartet. Anpassen. Nicht auffallen. Den Regeln gehorchen. Will ich das? Es fühlt sich so falsch an! Trotzdem ziehe ich die Jungskarte mit all den Eigenschaften, die man von mir erwartet. Stark sein. Nicht über Gefühle reden. Sogar über Pferde habe ich gelästert ... Dieses So-tun-als-ob ist anstrengend. Nach der Schule bin ich immer furchtbar erschöpft. Keine Kraft, kein Interesse, kein Bock. Hausaufgaben? Ohne mich. Es reicht gerade mal, um dir zu schreiben ... ich liege in meinem Bett, den Kapuzenpulli tief ins Gesicht gezogen, und höre Musik. Mutter wirbelt gerade mit dem Staubsauger durch die Wohnung, den Putzlappen im Anschlag poliert sie die Fenster auf Hochglanz. Als könne sie damit alles Falsche in unserem Leben wegwischen.

Sie ist der wandelnde Vorwurf. So angespannt, die Luft knistert jedes Mal, wenn sie den Raum betritt. Je mehr Mühe ich mir gebe, es ihr recht zu machen, desto komplizierter wird es zwischen uns. Furchtbar. Ich wiederhole mich. Ist das die Chance, die sie meinte? Jetzt soll alles gut werden. Alles wie früher. Nur: Von welchem Früher spricht sie? Ihr Früher oder meins?

Wenn du mich fragst: Ich wünsche mir nur eins. Aber das scheint in weiter, weiter Ferne, mehr denn je. Ich bin ihr ausgeliefert, sie besitzt die Macht über mich. So viel Macht! Hält mich gefangen wie in einem

Käfig, dabei habe ich meinen eignen. Was soll ich nur tun?
Ich hoffe, wir sehen uns bald, geliebte Schwester, ich vermisse dich sehr! Da kann ich lange hoffen, was? Argentinien ist sooo weit weg.

Desillusioniert, Fran

Auf der Suche

Eves Plan war aufgegangen. Sie hatte es geschafft, ihren peinlichen Videoauftritt als »Beichtvideo« feiern zu lassen. Mit anderen Worten: Alles vergeben und vergessen, alle spielten das Spiel wie bisher in ihrer schönen bunten gefilterten Welt weiter, als wäre nichts geschehen. Zudem zerflossen ihre Abonnent:innen vor Mitgefühl und überboten sich mit guten Ratschlägen, wie sie ihre Essstörung wieder in den Griff bekommen konnte. Eve postete Ernährungstipps und Nährwerttabellen und war von heute auf morgen als Fitnessgöttin gefragt, weil sie es (wie auch immer) geschafft hatte, neue Werbeverträge für Sportkleidung zu bekommen.

Als sie davon hörte, dass ein neuer, attraktiver Typ an die Schule gekommen war, geschah eine Wunderheilung. Nur ein Fotofilter wirkte schneller. Binnen kürzester Zeit strahlten die verweinten Augen mit den ersten Frühlingssonnenstrahlen um die Wette, lachte der einst verkrampfte Mund in Knallrot laut heraus, verschwanden sämtliche Komplexe in einer nigelnagelneuen Mom-Jeans.

Doch während Eve aufblühte, wurde Lilly immer stiller und in sich gekehrter. Sie spürte, wie ihr Schutzmantel immer löchriger wurde und sie immer trauriger, keine Aufheiterung in Sicht. Vielleicht wurde sie auch immer kleiner bei dem Versuch, sich unsichtbar zu machen und die Blicke der anderen nicht mehr auf sich zu ziehen. Vielleicht auch immer langweiliger und angepasster, weil sie nicht mehr auffallen und anecken wollte, sie föhnte sich sogar die Haare glatt. Vielleicht auch immer kühler, weil sie versuchte, ihre Gefühle zum Schweigen zu bringen. Doch je mehr sie sich bemühte, desto verletzlicher fühlte sie sich. Es tat unglaublich weh, mit anzusehen, wie Fran sich auf der Stelle zu Eve hingezogen fühlte und in den Pausen an ihrer Seite war. Kein Wunder, beide waren gleich alt, hatten den gleichen Musikgeschmack und lachten über die gleichen Memes.

Mehr und mehr zweifelte Lilly deswegen an ihrem Verstand. Wahrscheinlich hatte sie sich getäuscht, wahrscheinlich war Fran überhaupt nicht der Junge, den sie in der Ruine getroffen hatte, und ihre Sinne spielten ihr einen Streich. Lilly schloss für einen Moment die Augen, um sich die Erinnerung an jenen Moment zurückzurufen. Mit dem Rücken lehnte sie an der Wand, tauchte ein in die warmen Empfindungen, versuchte, das Schöne und Gute festzuhalten.

Ein Rempler riss sie unsanft in die Gegenwart zurück, brachte sie zur Besinnung.

»Hey, du Idiot, was soll das?«, rief sie Yunus hinterher. Schnell sammelte sie ihre Schulsachen wieder auf, die ihr bei dem Manöver aus der Hand gefallen waren. Dann lief sie in den Klassenraum, wo sie die restlichen Schulstunden über sich ergehen ließ und sich mit Träumereien von Zora über den Tag rettete. Die Tränentropfen auf dem Heft wischte sie einfach beiseite.

Immer, wenn es zu schlimm wurde, sattelte sie Zora. Gemeinsam entdeckten sie neue Wege, verschlungene Pfade und eine endlos weite Wiese, umsäumt von einem Bach. Noch war es zu kalt, im Sommer wäre dies der ideale Ort, um im Schatten der Bäume zu dösen. Zora könnte sich im Wasser abkühlen, trinken … So tröstete sich Lilly über die trüben Februartage hinweg, die sich nicht entscheiden konnten, ob sie bald Frühling oder noch Winter sein wollten.

»Was ist los mit dir? Du bist so blass, geht es dir nicht gut?«, fragte Matayo eines Tages, da hatte Eve gerade mit tausend Küsschen und noch mehr Rosen Valentinstag zelebriert. Sie schwärmte im Livechat von dem Kribbeln im Bauch und ließ ihre Fans an ihrer Verliebtheit teilhaben. Jetzt fieberte sie der Antwort ihres Schwarms entgegen, wobei jeder aus Eves Umfeld ahnte, dass es Fran war, dem sie eine Rose geschickt hatte. Der suchte auf dem Pausenhof immer öfter Eves Nähe. Lilly würde sich nicht wundern, wenn er bald auf den Waldhof zu Besuch käme.

»Das fragst du noch? Du weißt doch, was los ist!«, fauchte Lilly zurück. Sie arbeiteten Hand in Hand in der Sattelkammer und fetteten das Zaumzeug ein.

»Hey, Kratzbürste, geht's noch?« Matayo schüttelte den Kopf. »Ich habe dir doch nichts getan …«

»Schon okay, tut mir leid. Es ist nur … gerade alles so

kompliziert.« Lilly ließ die Trense in ihrer Hand sinken, deren Riemen sie gerade auf Hochglanz poliert hatte.

»Verstehe. Geht's etwa immer noch um das Video?« Konzentriert arbeitete er an einer Reihe von Glitzerstirnbändern. Meryam hatte sie für die Stuten im Stall geordert. Eine Idee, die Frieda mit einem Stirnrunzeln bedacht hatte. Für sie waren Satteldeckensets reinster Firlefanz. Sollte Meryam das Geld lieber in Minerallecksteine stecken, da hatten die Pferde wenigstens etwas davon.

»Pah, das Video ist doch längst vergessen!« Lilly winkte ab. Dann erzählte sie Matayo von dem Neuen, den alle umschwärmten, als wäre er Ludwig IV. und nicht irgendein ganz normaler Junge, der mitten im Schuljahr zu ihnen in die Klasse gekommen war. »Alle Mädchen finden ihn toll! Frag mal Eve, die ist total in den verknallt. Hey, was ist?«

Matayo war ganz blass geworden und hielt sich an einem Sattelknauf fest. »Und ich dachte, sie meint mich …«

Lilly kapierte sofort. »Come on, mach dir keine falschen Hoffnungen! Vergiss Eve doch endlich. Was willst du von einer wie ihr?«

Matayo fand langsam seine Sprache wieder. »Du kennst Eve nicht, Lilly. In Wirklichkeit ist sie ganz anders.«

»Jetzt erklär mir bloß nicht, sie ist die Unschuld vom Lande … Eve ist knallhart, fies und gemein. Wenn sie und ich alleine sind, ist es noch schlimmer. Wie kann sich eine nur so unterirdisch verhalten?«

»Du musst dringend mit ihr reden«, meinte Matayo. Er hatte jetzt einen Sattel am Wickel, entfernte Gurt und Steigbügel und arbeitete sorgsam das Fett in das Leder.

»Nicht zu viel! Sonst meckert Meryam wieder, dass ihre Hose dreckig wird ...« Lilly reichte ihm ein sauberes Tuch, damit er alles gut verreiben konnte. »Mit Eve reden?« Sie tockte sich an die Stirn. »Träum weiter! Das hat noch nie funktioniert.«

»Du tust ihr unrecht!«, beharrte Matayo. »Versetze dich doch mal in ihre Lage. Vielleicht ist sie einfach nur wahnsinnig eifersüchtig auf dich, weil du auf dem Hof von allen gemocht wirst und sie nicht? Du packst überall mit an, bist immer für die Pferde da ... dabei *kann* Eve mit dieser Allergie gar nicht in den Stall! Du hast ja keine Ahnung, wie sehr sie darunter leidet.«

»Hast du heimlich Psychologie studiert, oder was?« Lilly schmiss ihm den Lappen an den Kopf. »Die und eifersüchtig! Auf mich! Ausgerechnet! Sie hat doch viel, viel mehr Freundinnen als ich ... in der Schule wird sie ständig umschwärmt und belagert. Eve sieht gut aus, ist erfolgreich. Sie hat es doch gar nicht nötig, hier auf dem Hof mitzuhelfen.«

»Eine Tüte Mitleid bitte! Du tust so, als wärest du Aschenputtel! Dabei hast du eine einzigartige Gabe.« Matayo warf ihr das Tuch zurück. »Ich habe noch nie jemanden erlebt, die so gut mit Pferden umgehen kann wie du! Wie du neulich mit Shakira in der Halle gearbeitet hast, das muss dir erst mal einer nachmachen.«

»Stimmt.« Lilly klopfte sich grinsend links und rechts auf die Schulter. Meryam hatte der jungen Stute zum Einreiten einfach den Sattel aufgelegt, obwohl sie noch gar nicht daran gewöhnt war. Normalerweise ließ man den Pferden auf dem Waldhof mehr Zeit, doch Meryam hatte ihren Kopf durchgesetzt. Mit dem Erfolg, dass sie unsanft auf dem Boden gelandet war. Lilly hatte daraufhin Shakira eingefangen und in unzähligen Stunden ihr Vertrauen wieder zurückgewonnen.

»Woher kennst du ihre Sprache so gut? Ich frage mich das immer wieder. Als ob du eine von ihnen wärest ...« Matayo polierte immer noch den Sattel, während Lilly den Gurt in einem Eimer einweichte.

»Es ist einfach so. Ich spüre sie, ich verstehe sie. Ich gucke ihnen in die Augen, versuche zu ergründen, wie es ihnen gerade geht. Shakira hatte kein Interesse, sich mit Menschen anzufreunden. Erinnerst du dich? Meryam hat sie ihrem Lieblingszüchter abgekauft, für viel Geld. Sie hat allerbeste Papiere und eine irre Knieaktion. Meryam wollte sie zum Dressurpferd ausbilden, vielleicht die Zucht ausbauen, aber offensichtlich hat Shakira keine guten Erfahrungen mit Menschen gemacht. Sie vertraut uns nicht. Ich musste ihr erst mal zeigen, dass Menschen auch nett sein können.«

»Sie ist dir hinterhergelaufen wie ein Hündchen«, meinte Matayo. »Und dein Vater hat überall damit angegeben, was für eine tolle Pferdeflüsterin seine Tochter ist.«

»Was ihn nicht daran hindert, Meryam freie Hand zu lassen und mir den Umgang mit Zora zu verbieten«, fügte Lilly düster hinzu. »Echt, der ist so ein Lappen! Lässt sich von ihr herumkommandieren und alles gefallen. Liebe macht blind, oder wie war das?«

»Ich glaube, Eve hat die gleichen Probleme wie du, nur anders. Sie war doch nicht immer so, oder? Was ist da vorgefallen zwischen euch? Sprich mit ihr. Ich bin mir sicher, dann wäre vieles leichter.« Matayo packte die Pflegemittel zusammen und verstaute alles fein säuberlich im Spind.

»Hast du Sidolin getrunken oder was ist plötzlich in dich gefahren?« Lilly schüttelte amüsiert den Kopf. Dann knuffte sie ihren Kumpel in die Seite. »So weichgespült habe ich dich ja noch nie erlebt. Du musst schwer verliebt sein. Ausgerechnet in Eve. Ich warne dich: Du machst dich unglücklich. Und mich auch.« Sie drückte ihm einen flüchtigen Kuss auf die Wange und ging dann zu Zora in die Box. Die wieherte ihr freudig entgegen und schnubbelte auf der Suche nach einem Apfel an ihrem Hoodie herum.

»Was meinst du, meine Hübsche, wollen wir ausreiten? Schauen, ob er da ist? Ich muss herausfinden, ob er es ist ... das macht mich wahnsinnig, diese Ungewissheit ...« Ohne lange nachzudenken, legte Lilly Zora das Halfter um und führte sie hinaus auf den Platz. Meryam war in der Halle damit beschäftigt, mit Frodo fliegenden Galoppwechsel zu üben. Bis sie bemerken würde, dass Lilly mit Zora ausgeritten war, wäre sie längst wieder zurück. Mit einem lässigen Sprung schwang sie sich auf ihren Rücken.

Lilly konnte förmlich spüren, wie sich ihr Pferd unter ihr streckte, als hätte Zora nur darauf gewartet, nach stundenlanger Dressurarbeit ausbrechen zu können. Sie legte sich mit geschlossenen Augen vorneüber, verbarg ihr Gesicht in der Mähne und ließ Zora laufen. So ging es kreuz und quer durch den Wald, bis Lilly irgendwann jegliche Orientierung verloren hatte.

»Wir müssen ihn finden, hörst du?«, redete sie auf die Stute ein, die jetzt den Hang hinaufstürmte. »Hey, du bist ein Pferd, keine Bergziege!« Mit den Beinen klammerte sie sich fest, sie drohte beinahe abzurutschen. Jede andere wäre runtergefallen.

Oben angekommen, ließ Zora ihr keine Zeit, sich zu orientieren, und trabte einfach weiter. Lilly schaute sich zuversichtlich um. Ganz bestimmt waren sie auf der richtigen Spur, ganz bestimmt würde sie diesen Jungen wiedersehen. Und herausfinden, wer er wirklich war.

Liebe Ana,

wenn du mich erleben würdest, du wärest stolz auf mich. Ich bin der geborene Comedian, ich gebe den Leuten, was sie sehen wollen, spiele die Rolle, die sie von mir erwarten. Und was soll ich sagen: Es läuft gut! Ich strahle, lache, gewinne die Herzen im Sturm und wie es drinnen aussieht, geht keinen etwas an. Ich habe echt ein dankbares Publikum. Sie merken nicht, was los ist, und ich laufe in ihrer Gegenwart zur Höchstform auf. Langsam gewinne ich Spaß am Schauspielern, zumal ich eine neue Freundin habe. Echt. Wenn ich tagsüber in der Schule bin, vergesse ich den ganzen Stress zu Hause. In ihrer Nähe ist alles so viel leichter, sie ist einfach wunderbar und lässt mich an ihrem Leben teilhaben. Zeigt mir Fotos und Videos, wir hören die gleiche Musik und vielleicht besuche ich sie bald.

Sobald ich alleine bin, bricht jedoch alles in mir zusammen. Ich liege im Bett, noch nicht einmal meine Musik mag ich hören ... nur manchmal kann ich mich aufraffen, meine Gitarre in die Hand zu nehmen. Ich habe angefangen, ein paar Texte von mir zu vertonen. Ich spreche, während ich ein paar d-Moll-Akkorde dazu zupfe. Das klingt wunderschön. Hätte ich ein Handy, würde ich dir ein Sprachmemo schicken. Ich darf immer noch keins haben. Mutter schottet mich ab, wir haben hier in der Wohnung noch nicht einmal WLAN. Eingesperrt. Sie will nicht, dass ich mich verrückt mache, behauptet sie, sie will mich schützen, damit ich nicht wieder verrücktspiele. In Wahrheit will sie verhindern, dass ich mich informiere. Welche Möglichkeiten ich habe. Welche Rechte. Dass ich Kontakt mit Frau Lutze aufnehme.

Doch sie wird mich nicht zum Schweigen bringen, ganz bestimmt nicht. Ich versprech's dir. Tief in mir drin weiß ich, dass ich es schaffe. Diesmal geht der Weg nach vorne, nicht zurück.

Nur gerade habe ich überhaupt keine Kraft, mich gegen ihre Übermacht zu wehren. Das Einzige, was ich schaffe, ist, dir zu schreiben. Denn schreiben tut der Seele gut …

Mutter ist überall. Lauert mir auf. Bedrängt mich mit ihrer Fürsorge. Erdrückt mich mit ihrer Liebe. (Liebe?!) Nächste Woche hat sie einen Arzttermin für mich ausgemacht, sie will, dass ich mich behandeln lasse. Eine neue Therapie mache. Sie wird sehen, was sie davon hat. Was mich nicht umwirft, macht mich nur stärker. (Haha!)

Ich liege doch schon am Boden. Da tritt man nicht nach. Was will sie denn noch? Manchmal weiß ich nicht, was ich machen soll ... ich glaube, ich werde noch verrückt.

Völlig irre, Fran oder Fran oder Fran

Geheimnis in der Nacht

Obwohl sich Fran als Sprücheklopfer sondergleichen ent-
puppte, war er bald bestens in der Klasse integriert und
Everybody's Darling. Jeder mochte ihn, weil er allen mit
guter Laune begegnete. Auch Lilly. Inzwischen zweifelte
sie wieder daran, dass Fran der Junge aus dem Wald war,
dem sie in jener Nacht begegnet war. Solch ein Doppel-
spiel traute sie ihm nicht zu. Doch jedes Mal, wenn Fran
in ihre Nähe kam, geriet ihr Herz ins Stolpern, spielte ihr
Atem verrückt, atmete sie seinen Duft und fühlte sich am
ganzen Körper zu ihm hingezogen. Als stünde sie wieder
in inniger Umarmung mit jenem Fremden in jener Nacht,
war alles friedlich und ruhig, alles Böse wie weggeblasen
und die Stimmen schwiegen.

Die Gänsehaut war manchmal kaum auszuhalten. Das
Kribbeln zwischen den Beinen. Das wohlige Gefühl überall. Manchmal dachte sie, sie sei verrückt, weil sich alles in
ihr nach seiner Umarmung sehnte. Nach der Umarmung
eines Fremden, der ihr so vertraut vorkam. Totale Verwirrung der Gefühle. Wie oft war sie ausgeritten, wie oft

hatte sie den Wald rund um die Ruine nach ihm abgesucht. Wer immer das gewesen war, sie traf ihn nicht wieder.

Wenn ihr alles zu viel wurde, flüchtete sie zu Zora in den Stall, ließ sich von der Stute trösten oder mistete eine Box nach der nächsten aus. Manchmal malte sie sich aus, wie sie Fran einfach ansprach, wie sie gemeinsam lachen und reden würden, sie würde von sich und den Pferden erzählen und er von sich. Dann fiel ihr ein, was er über Pferde gesagt hatte, und das versonnene Lächeln, das zuvor ihren Mund umspielt hatte, verschwand. Nie im Leben würde sich einer wie Fran für sie interessieren. Besser, sie würde alles vergessen. Allein: Jeder Blick von ihm, jede Begegnung rief ein bisher ungekanntes Knäuel an Verwirrungen hervor.

Und dann war da noch Eve, die ihre Tentakel nach Fran ausgeworfen hatte und ihn völlig in Besitz nahm.

»Er hat so eine süße Art«, meinte Eve und verdrehte schwärmerisch die Augen. In der Pause nutzte sie jede Gelegenheit, um sich in seiner Nähe aufzuhalten, und Fran schien es zu schmeicheln. Wenn es stimmte, was sie auf ihren Social-Media-Kanälen verbreitete, hatten sie sich schon oft getroffen, im Café, im Kino, zum Chillen im Park. Waren sie wirklich ein Paar?

»Eigentlich findet er das Leben auf dem Land uncool. Trotzdem will er mich bald besuchen kommen«, meinte Eve eines Abends zu Lilly, als sie wieder einmal nach dem Abendessen die Küche aufräumten. Meryam hatte sich gemeinsam mit Paul ins Büro verzogen, um zum wiederholten Male über den Bilanzen zu brüten. Man hörte sie durch die geschlossene Tür über die Kündigungswelle streiten. Wenn das so weiterlief, würden sie hundertprozentig Zora verkaufen müssen. Oder gar den Stall dichtmachen. Nicht auszudenken.

»Pass doch auf!«

Erschrocken über ihren eigenen Gedanken war Lilly die Salatschüssel aus der Hand gefallen. Scherben, Soßenreste und Grünzeug waren überall auf dem Küchenfußboden verteilt. Eves helle Jeans zierten Sprenkel wie Sommersprossen.

»Echt, du verdirbst mir alles«, fauchte sie und wischte an ihrer Hose herum, machte jedoch keine Anstalten, Lilly beim Aufwischen zu helfen. »Mach dir keine Hoffnung auf Fran. Meinst du, ich habe nicht bemerkt, wie du ihn anschaust?«

»Du kannst mich mal!« Lilly rollte die Augen.

»Du bist ja nur eifersüchtig, weil sich niemand für dich interessiert. Von einer, die nur Pferdemist im Kopf hat, kann man ja auch nichts anderes erwarten.« Eve drückte Lilly das Geschirrtuch in die Hand und lief auf ihr Zimmer.

Lilly erstarrte. So etwas Fieses hatte Eve lange nicht mehr von sich gelassen. Warum hasste sie Lilly so? War das immer noch wegen damals? Dieser Unfall mit der Kutsche ... Lilly konnte doch nichts dafür. Doch statt nachzufragen und sich zu wehren, schwieg Lilly. Wieder einmal.

Schweigend räumte sie weiter die Küche auf, putzte, bis kein Krümel mehr übrig war, sogar den Kühlschrank wischte sie aus. Als sie das Licht ausknipsen wollte, spiegelte sie sich in dessen blank polierter Tür.

»Warum ist gerade alles nur so scheiße, he?«, fragte sie und versuchte, in ihrem Spiegelbild eine Antwort zu finden. Das schüttelte nur den Kopf.

77

Seufzend wandte Lilly sich ab. Höchste Zeit, dass sie auf andere Gedanken kam. Leise schlich sie aus dem Haus hinüber zum Stall.

Still war es, eine wohlige Ruhe und Wärme ging von den Pferden aus, die zufrieden in ihrer Box standen. Frodo, Wotan und Pippin malmten noch die letzten Heuhalme, Merry hatte sich zum Schlafen hingelegt. Zora dagegen wieherte ihr freudig entgegen. Wenn Lilly zu so später Uhrzeit bei ihr auftauchte, hatte dies nur eins zu bedeuten. Zora stupste sie aufmunternd in die Seite, keine Spur von Müdigkeit oder Nachtruhe. Da sprudelten die Worte nur so aus Lilly heraus.

»Du bist meine einzige Freundin! Die Einzige, mit der ich reden kann. Weißt du, wenn ich noch jemanden hätte, der mich versteht und der mich unterstützt. Aber so? Niemand versteht mich. Niemand mag mich. Niemand ist auf meiner Seite. Ich will nur noch eins: dass es endlich aufhört. Und in mir diese Sehnsucht, dass da einer ist, der so denkt, tickt und fühlt wie ich. Meinst du, ich habe mir das alles eingebildet? Wenn das so weitergeht, werde ich noch wahnsinnig.«

Langsam löste sich Lilly von Zora. Die Stute pustete ihr sanft ins Gesicht, wie um die Tränen zu trocknen.

»Was täte ich ohne dich! Ich werde nicht zulassen, dass sie dich verkaufen, hörst du! Niemals. Wie in einem Pferdebuch werde ich alles dafür tun, versprochen!«

Statt einer Antwort stupste Zora sie abermals in die Seite.

»Du willst noch ausreiten? Also gut. Wie du meinst. Auf deine Verantwortung!«

Die Nacht war ruhig und sternenklar, keine Spur von Wind und Abenteuer. Zora ging im zügigen Schritt, das Gras schluckte ihre Hufe. Doch plötzlich zuckte sie zusammen, irgendetwas hatte sie erschreckt. Sonst die Ruhe selbst, spielten ihre Ohren nervös.

»Das sind die Wildschweine … und das Waldkäuzchen, hörst du?« Die Stute tänzelte auf der Stelle.

»Alles in Ordnung, schscht, hier ist nichts los.« Lilly redete mit tiefer Stimme beruhigend auf Zora ein. Sie trabten den kleinen Feldweg entlang, hinüber zum Oberfeld. Dort lagen die Äcker brach, auf dem einen stand noch der Winterweizen. Weiter hinten war eine Rotte Wildschweine dabei, sich durch die Erde zu wühlen. Und dann ging alles ganz schnell.

Ein Knacks, ein Satz, ein Aufbäumen – und Zora galoppierte los. Im gestreckten Galopp ging es übers Gelände. Die Nachtluft trieb Lilly die Tränen in die Augen, sie konnte sich kaum auf Zoras Rücken halten. Wie von Sinnen preschte die Stute in einer irrwitzigen Geschwindigkeit durch die Dunkelheit. Kurz vor dem Waldstück drosselte sie das Tempo, schlug einen Haken, sodass Lilly beinahe die Balance verlor, und wählte dann den Pfad am Bach entlang. Ihr blieb nichts anderes übrig, als Zora zu vertrauen. Die Hände in der Mähne vergraben, Gesicht und Körper vornüber auf den Hals gebeugt, hatte sie alle Mühe, nicht abzurutschen. Die Dunkelheit blitzte an ihr vorbei, der Wind zischte in ihren Ohren. Es war wie ein Rausch, eine Mischung zwischen Glück und Angst, Adrenalin pur.

Nach einer gefühlten Ewigkeit fiel Zora in einen leichten Trab, um kurz darauf schnaubend stehen zu bleiben.

Mit zitternden Beinen rutschte Lilly von ihrem Rücken und versuchte, sich zu orientieren.

»Hier also?«, murmelte sie und blickte suchend um sich. Im fahlen Mondlicht waren die Umrisse der Ruine zu erahnen, aber sie hatten sich ihr aus einer ganz anderen Richtung genähert. Alles sah fremd aus und wirkte doch sehr vertraut. Fragend schaute sie ihre Stute an. Die schnaubte zufrieden und schüttelte sich, Dampf stieg von ihrem Fell in die kalte Nachtluft auf.

»Du bist verrückt, einfach nur verrückt!«, murmelte Lilly und lehnte ihre Stirn an Zoras Kopf. »Manchmal weiß ich nicht, wie ich das alles aushalten soll. So viel Glück mit dir. So viel Ärger wegen dir.« Dann ließ sie Zora einfach stehen und lief hinüber zu dem Gemäuer. Von dieser Seite wirkte die Ruine groß und mächtig. Langsam schlich sie näher, zum ersten Mal, seit sie herkam, fühlte sie eine besondere Beklommenheit, das Atmen fiel ihr schwer.

Plötzlich wieherte Zora auf. Erschrocken drehte sich Lilly um. Und da sah sie ihn. Er stand dicht bei der Stute und tätschelte ihr beruhigend den Hals.

»Hey!«, rief er ihr entgegen, als sei es das Normalste auf der Welt, sich mitten in der Nacht an dieser verwunschenen Stelle zu treffen.

»Hey!«, rief Lilly zurück. Atemlos lief sie näher und merkte nicht, wie sie dabei über das ganze Gesicht strahlte. Er war es tatsächlich. Sie hatte sich nicht getäuscht. Es war Fran!

Zora bewegte die ganze Zeit über nicht einen Huf. Mit geblähten Nüstern, als müsse sie Witterung aufnehmen und prüfen, ob die Welt in Ordnung war, stand sie da. Ihre

Ohren zuckten aufmerksam, sie verfolgte jede Bewegung, jedes Geräusch.

Sie schien sehr einverstanden mit dem, was jetzt geschah.

»Dein Pferd ist wunderschön! Darf ich?« Andächtig strich Fran Zoras Hals entlang. Befühlte die Mähne, spielte mit den langen Strähnen, vergrub seine Hände darin. Mit zärtlichen Gesten tauchte er in sie ein, liebevolle Berührungen, die Zora sichtlich genoss.

Lilly verfolgte aufmerksam seine Bewegungen, die von unglaublicher Sanftheit waren, die sie einem wie ihm nicht zugetraut hätte. Keine Spur von Angeber und Sprücheklopfer und machohaftem Getue.

»Du magst Pferde.« Es war mehr eine Feststellung als eine Frage.

»Und wie.« Fran war immer noch ganz versunken in Zoras Anblick und ließ ihre Mähne durch seine Finger gleiten. Behutsam streichelte er jetzt über die Nüstern.

Lilly stockte der Atem. Viel zu nah. »Lass. Sie mag das nicht.« Schnell zog sie Zora ein Stück weg und gab ihr einen Klaps auf das Hinterteil. Sollte bedeuten: Geh ein Stückchen, damit wir uns hier in Ruhe unterhalten können. Doch die Stute tat ihr den Gefallen nicht.

»In der Schule tust du so, als seien Pferde dein größter Albtraum …?« Sie schaute Fran fragend an.

Der senkte verlegen den Blick, rieb seine Finger, schnupperte daran. Zur Antwort zuckte er nur mit den Schultern.

»Verstehe.« Lilly nickte.

Und nach einer Weile fragte sie: »Bist du ein Arsch oder spielst du nur so?«

Mittlerweile saßen sie auf der bröckeligen Mauer und

schauten in das Tal unter ihnen. In weiter Ferne ahnte man die Stadt.

»Pah. Was denkst du denn?« Fran biss sich auf die Lippen. Dann drehte er sich zu Lilly und sah ihr geradewegs in die Augen.

»Hör zu. Es tut mir leid. Es ist nur … ich muss in der Schule so sein, verstehst du?«

»Du *musst* so sein? Damit alle denken, du bist der coole Typ? So ein echter Kerl, dem man nichts anhaben kann? Weil du Schiss hast, dass sie sich sonst über dich lustig machen?« Lilly kapierte sofort. »Wie armselig ist das denn!« Mit allem hatte sie gerechnet, selbst mit einem Zwillingsbruder oder einer dämlichen Wette.

»War ja klar, dass du so reagierst!«

»Wie denn sonst?«

»Du traust dich was, hä?« Fran schüttelte den Kopf. »Ich könnte dir hier sonst was antun.« Da war er wieder, der großspurige großkotzige Fran.

»Ja, und? Meinst du etwa, ich habe Angst vor dir?« Lilly erwiderte seinen Blick. In der Dunkelheit konnte sie nicht viel erkennen. Eine Strähne hing wirr unter der Mütze in die Stirn, dunkle Augen schauten sie fragend an. Er hatte seine Hände tief in der Jackentasche vergraben und saß in sich zusammengekauert neben ihr auf der Mauer, als wäre er gar nicht da. Schweigend. Lilly wusste nicht, was sie sagen sollte.

»Wieso soll ich dir glauben?« Dabei kannte sie längst die Antwort. Zora hatte sie ihr gegeben. Zora hatte Fran erlaubt, sich ihr zu nähern, sie zu streicheln, selbst die Nüstern. Das durfte sonst nur Lilly.

»Sie lassen mich sonst nicht in Ruhe. Du weißt, wie sie sind.«

»O ja!«, brach es aus Lilly heraus.

Dann erzählte sie ihm von den letzten Schuljahren, dem furchtbaren Spießrutenlauf zwischen Mistkäfer- und Gummistiefelbeschimpfungen. Den Rempeleien und gemeinen Beschuldigungen. Über Eve sprach sie nicht. Lieber nicht.

»Das tut mir leid«, sagte Fran mit leiser Stimme. »Ich weiß, wie sich das anfühlt, wenn sie alle auf dir herumhacken und nach jeder Klitzekleinigkeit suchen, um dich fertigzumachen.«

»Trotzdem machst du mit ...«

»Ganz schön arschig, oder? An deiner Stelle könnte ich mich auch nicht leiden.« Fran seufzte. Wieder verfiel er in ein intensives Schweigen.

Zora blies Lilly sanft in den Nacken. Du bist nicht allein, sollte das heißen. Und: Pass auf!

»Ich würde furchtbar gerne reiten. Aber meine Mutter verbietet es mir. Zu teuer, sagt sie. In Wirklichkeit ist es eine faule Ausrede, sie denkt ...« Fran stockte in seiner Erzählung.

»Was?«

»Ach, egal ... Es tut mir leid, dass ich mich dir gegenüber so blöd verhalten habe. Ich versuche, es wiedergutzumachen, okay?« Er legte seine Hand auf Lillys. Sie spürte, wie das Blut durch seine Adern vibrierte, als wolle es zu ihr hinüber.

»Wenn du mir dafür eine Frage beantwortest: Warum kommst du hierher? Ich meine: Diese Stelle hier im Wald kennt niemand. Ich habe noch nie einen Menschen getroffen.« Die ganze Zeit schon wollte Lilly das endlich wissen.

»Um alleine zu sein. Nachzudenken. Ungestört.« Fran atmete tief durch, beide Hände jetzt wieder in seiner Jackentasche vergraben. Den Kopf in den Nacken gelegt, schaute er in den nachtklaren Sternenhimmel über ihnen. Keine Wolken, kein Rauschen, keine Wilde Jagd. Nur seine Stimme, die leise hinzufügte: »Und weil ich gehofft hatte, dich wiederzusehen.«

Es klang ehrlich. Warm. Das war der Moment, in dem sich Lilly in Fran verliebte.

⭐ 28. Februar

Liebe Ana,

ich fühle, also bin ich. Oder? Bin ich ich, weil ich fühle? Wie kann es sein? Warum beantwortet mir niemand meine Fragen? Alles in mir brennt, ich halte dieses Schweigen nicht mehr aus. Und jetzt ist etwas passiert, was nie hätte passieren dürfen. Ich habe mich verliebt. Wie sehr fühle ich mich zu ihr hingezogen, kann an nichts anderes mehr denken. Natürlich darf niemand etwas davon merken, ich versuche, es für mich zu behalten. Mach etwas gegen mein Gefühl, es ist stärker als ich, hat mich im Griff wie das andere, lässt mich schweben, träumen, glücklich sein. Wem könnte ich davon erzählen außer dir? Mutter ganz sicher nicht!

Und die Therapeutin ist ein Albtraum! Dabei gibt es so viele hilfreiche, tolerante, verständnisvolle Menschen, die dir wie Frau Lutze zuhören und auf dich eingehen! Die

sich ernsthaft für dich und deine Geschichte interessieren und dir helfen möchten. Warum muss ich ausgerechnet so eine alte, verknöcherte

Kuh erwischen? (Entschuldige den Ausdruck, so glupschäugig, wie sie mich die ganze Zeit über anguckte, musste ich sofort an unsere wiederkäuenden Gefährten denken.) Sie stellt mir eine sinnlose Frage nach der nächsten und ich spüre sofort: Wir haben keinen Draht zueinander. Die kann mit keinem Wort von mir etwas anfangen. Die versteht mich nicht. Und das Einzige, was ihr einfällt, sind Tagebuchschreiben und Pillen. Jede Menge Tabletten, morgens, mittags, abends. Da habe ich in Hamburg durch Papa ganz andere Menschen und Möglichkeiten kennengelernt.

Tagebuchschreiben ist ja an sich okay, aber hey, ich brauche jemanden, der mich versteht, der mit mir redet, der spürt, wie es mir geht, und mir wirklich helfen will. Jemanden wie Frau Lutze. Das Rezept von der Dubsky habe ich sofort zerrissen, Mutter habe ich erzählt, ich hätte es verloren. Sie hat getobt, wie du dir denken kannst, und ich bin wieder einmal abgehauen in den Wald, um meine Ruhe vor ihr zu haben. Stundenlang sitze ich nun da, dick eingepackt in meine Winterjacke. Atme die Bäume und höre den Vögeln zu. Versuche herauszufinden, was sie sich erzählen, und bin unglaublich neidisch. Sie müssen nichts tun! Sie dürfen so sein, wie sie sind. Niemand zwingt sie zu irgendetwas, niemand drückt ihnen ihre Meinung auf. Wenn ich ein Vöglein wäre, was würde ich singen und zwitschern und tirilieren. Aus lauter Spaß an der Freude. Weil ich endlich frei wäre.

Du siehst, ich lasse mich von Mutter nicht kleinkriegen. Damit sie zufrieden ist, erzähle ich ihr irgendwelche Geschichten aus der Schule, von meiner Freundin und neuen Freunden und Lerngruppen. Dann fragt sie nicht mehr ständig nach und lässt mich in Ruhe.

Alleine, Fran

Noch mehr Streit

Lilly bemerkte die Kratzspuren zuerst. Frodos rechtes Vorderbein sah aus, als hätte er einen Prinzen durch die Rosenhecke zu seinem Dornröschen getragen. Die letzte Pediküre schien lange her. Und überhaupt wirkte der stolze Wallach ziemlich mitgenommen. Eingeschüchtert wich er zurück, als Lilly seine Beine und Schweifrübe untersuchte. Mit einem unguten Gefühl prüfte sie den Futtertrog nach weiteren Spuren.

»Das sieht nicht gut aus«, murmelte sie. Dann lief sie die Stallgasse entlang Richtung Futterkammer.

»Suchst du das?« Frieda hielt ihr eine Schippe voll glänzender schwarzer Köttel entgegen. Rattendreck! »Ich weiß nicht, wie sie hier reingekommen sind. Es müssen viele sein ...« Die Stallmeisterin seufzte.

»Die Säcke sind doch dicht genug?«, wunderte sich Lilly.

»Das stört die nicht!« Frieda schüttelte den Kopf. »Ich hab schon viel erlebt. Glaub mir, eine Rattenplage im Stall ist das Schlimmste. Da hilft nur die Chemiekeule.«

»Du willst doch etwa keine Giftköder aufstellen?«

»Sag mir nicht, du hast Mitleid mit den Viechern! Ich dachte, dir liegt die Gesundheit der Pferde am Herzen?« Frieda rüttelte jetzt an den Deckeln der Futtertonnen und prüfte die Verschlüsse. Allesamt waren fest verschlossen.

»Ich weiß schon, sie bringen die Maul- und Klauenseuche, Schweine- oder Geflügelpest, periodische Augenentzündung, verbreiten Salmonellen oder sonstige Bakterien ...«, betete Lilly herunter. Sie war in die Hocke gegangen, um den Boden nach Spuren zu untersuchen.

»... und wenn das Futter von Rattenkacke verunreinigt ist, kann es zu Koliken, Hufrehe, Durchfall, Leber- und Nierenerkrankungen kommen«, fügte Matayo hinzu, der zu ihnen getreten war. »Hab ich gerade in der Berufsschule gelernt. Noch was?« Er bugsierte eine Schubkarre voll leerer Futtereimer vor sich her, dass es nur so schepperte. Wotan wich erschrocken zurück.

Frieda schüttelte resigniert den Kopf. »Lass gut sein! Hilf uns lieber, das Hauptquartier dieser grauen Plagegeister zu suchen.«

»Wenn das Meryam mitkriegt ...«, seufzte Lilly. »Unser Vorzeigestall ein Rattenloch. Nicht gut für das Image. Und für Gigis Fohlen könnte das erst recht gefährlich werden.«

»So schlimm kann es bestimmt nicht sein«, meinte Matayo.

»Und was ist mit Frodos zerkratztem Bein? Sie müssen über ihn hergefallen sein. Ich brauche hier keine angefressenen Pferde!« Lilly schüttelte den Kopf. Manchmal verstand sie ihren Kumpel nicht. Warum spielte er das so herunter?

»Jetzt reg dich ab! Meinst du, mir ist das egal? Wer läuft

hier denn von morgens bis abends durch die Boxen und reinigt die Futtertröge? Wer hat Minerva und die anderen Katzen zum Jagen in der Sattelkammer eingesperrt? Wer hat neulich erst ein paar Lebendfallen aufgestellt und sich auf die Lauer gelegt? Ich hab sogar meine letzte Erdnussbutter dafür geopfert!« Matayo pfefferte die Eimer in die Ecke.

»Krieg *du* dich wieder ein! Ich kauf dir ein neues Glas!«, schleuderte Lilly zurück. Sie hatte jeden Winkel der Futterkammer durchforstet, aber außer noch mehr Rattenköttel nichts entdecken können.

»Die müssen draußen ihr Nest haben«, mutmaßte Frieda. »Also, noch mehr Fallen, geschlossene Türen und die nähere Umgebung absuchen. Ich werde ein bisschen Gipsbrei unter Rübenschnitzel mischen und hinstellen, Chillipulver verstreuen, die üblichen Hausmittel halt.« Seufzend wandte sie sich ab. Das Rattenthema schien ihr die Laune verdorben zu haben. Kein Wunder.

»Komm, gucken wir draußen nach, ob wir einen Eingang zu einem Bau oder etwas Ähnliches finden.« Lilly schaute Matayo fragend an.

Doch der scrollte auf seinem Handy.

»Suchst du nach Tipps gegen Rattenbekämpfung?«

»Was? Nein. Ich suchte danach ...« Er stellte auf laut und hielt ihr das Display unter die Nase.

»Hi, Cutys!« Eve in Höchstform. Seit sie sich dem Thema Ernährung verschrieben hatte, war ihr Account im Ranking wieder in die Höhe geschnellt.

»Nee, oder?« Ihre Schwester überraschte sie immer wieder. Eve stand tatsächlich in ihrer Küche und schnippelte

Gemüse. Gurken für Gurkenwasser, Brokkoli und Spinat für einen grünen Smoothie. Dazu referierte sie über Nährwerte, freie Radikale und Mineralstoffe und wie wichtig es war, sich gesund zu ernähren. »Damit ich fit für meinen Süßen bin«, trällerte sie in die Kamera und Lilly hätte sich am liebsten übergeben.

Der »süße« Fran zeigte Lilly in der Schule die kalte Schulter, als hätte es ihr nächtliches Gespräch nie gegeben. Auf ihre vorsichtige Frage hin, ob sie sich denn mal wieder an der Ruine treffen wollten, hatte er nur mit einem knappen Kopfschütteln verneint. Da hatte sich Lilly nicht getraut, weiter nachzufragen. Fran war ein Arschlochvampir, stellte sie fest. Nachts der liebenswerteste Typ auf der Welt. Und tagsüber wie ausgewechselt zum Kotzen. Es tat weh, dass er sie ignorierte. Noch schlimmer war es, dass er mit Eve und mit ihrer Clique abhing.

Matayo hatte deswegen die schlechteste Laune, die man sich denken konnte. Am liebsten hätte er seinen Job als Pferdewirt an den Nagel gehängt, um bei Eve punkten zu können. Da hielt ihm Lilly eine Standpauke, die sich gewaschen hatte.

»Du brauchst die Pferde und die Pferde brauchen dich!«, pflaumte sie ihn an. »Niemand außer dir ist so geduldig mit Shakira. Und keiner der anderen Bereiter ist zuverlässiger als du, wenn es um Stallwache oder Futterpläne geht. Also bitte! Nur weil Eve eine Pferdeallergie hat, musst du deinen Job nicht an den Nagel hängen. Wenn sie dich liebt, ist ihr das egal.«

Genau das war das Problem: Eve liebte ihn nicht und schwärmte stattdessen für Fran. Matayo wurde jeden Tag unglücklicher. Er weigerte sich, mit diesem Macho-Arsch, wie er sich ausdrückte, den Kampf aufzunehmen. Lieber verbrachte er noch mehr Zeit im Stall, kümmerte sich um Wotan und gewöhnte die Zweijährigen langsam an Longe und Sattel. Nicht die schlechteste Art, seinen Liebeskummer zu bewältigen, wie Lilly fand. Außerdem hätte er sich in jemand anderen als Eve verlieben können, im Stall schwärmten alle Mädchen für ihn.

Im Video dekorierte Eve jetzt den grünen Smoothie mit geraspelter Rote Bete.

»Auf euer Wohl! Schmeckt voll lecker!«, rief sie begeistert und trank das Glas in einem Schluck aus. Nur Lilly bemerkte, wie sie sich insgeheim schüttelte.

»Sieht nicht so aus!« Lilly prustete los. Sie kannte ihre Schwester gut genug, um zu wissen, wann diese eine Show abzog und wann nicht. Und dieses Ach-so-gesund-Smoothie-Getue war eine Performance der Extraklasse.

»Bin gespannt, was sie sich als Nächstes ausdenkt. Kakerlakendiät mit Rattenfilets? Ich wüsste, wo es welche gibt!« Sie reichte Matayo das Handy zurück.

»Da ist eine richtige Healthbewegung in Gange! Energykick durch Smoothies. Sie macht das so toll. Und sieh doch, wie natürlich sie dabei rüberkommt«, schwärmte Matayo, immer noch andächtig in das Video versunken. »Diesen Gurkendrink werde ich später gleich mal ausprobieren.«

»Du bist wirklich unverbesserlich! Los, komm jetzt. Sie steht nicht auf Pferdemenschen, wann kapierst du das endlich!« Lilly zog ihn mit sich Richtung Misthaufen, denn sie hatte einen Verdacht. Dort stand eine alte Eiche mit Wurzelhohlräumen. Früher, als noch die drei Jack-

Russell-Terrier das Revier beherrscht hatten, waren Ratten nie ein Thema gewesen. Die Hunde hatten sich hier unter der Eiche die Pfoten wund gebuddelt und alles vertrieben, was zu vertreiben war. Dumbledore war ein prima Hütehund und an einer Rattenjagd wenig interessiert. Und die Hofkatzen schienen keinen Appetit auf Ratten zu haben. Wer konnte es ihnen verdenken!

»Bingo!«, rief sie, als sie näher kamen. »Darf ich vorstellen: Hier ist das Rattenwohnparadies!« Lilly deutete auf die frischen Trippelspuren im Sand. Mit dem bloßen Auge waren sie kaum zu erkennen.

»Und jetzt?«

»Jetzt verderben wir ihnen den Appetit. Wie Frieda gesagt hat: Rübenschnitz mit Gipsbrei ... dann suchen sie schnell das Weite, weil es ihnen nicht schmeckt. Sie bekommen Bauchweh davon, mehr nicht. Kannst es ja mal Eve als neues Superfood vorschlagen.« Lilly schaute Matayo grinsend an. Dann fügte sie hinzu. »Hauptsache, die ziehen bald Leine. Bevor jemand Wind von den Ratten bekommt.« Noch mehr Kündigungen konnten sie sich wirklich nicht leisten. Langsam bekam auch Lilly kalte Füße. Je größer die Geldsorgen auf dem Waldhof, desto mehr Stress bedeutete das für Zora und sie.

Mittlerweile waren sie wieder in der Halle angekommen, wo Frieda gerade Reitunterricht gab. Lilly machte ihr ein Zeichen. *Wir müssen reden,* sollte das heißen.

Zum Glück verstand Frieda sofort und kam an die Bande. Als sie hörte, wo das Rattennest zu finden war, nickte sie zufrieden.

»Guck mal nach Zora, da stimmt was nicht!«, rief sie

Lilly hinterher. Dann widmete sie sich wieder ihren Reitschüler:innen.

»Was ist denn nun wieder?« Lilly hatte sich schon gewundert, wo die Stute heute steckte.

»Voll gut«, meinte Matayo, als sie die Box betraten, den Blick auf sein Handy gesenkt.

»Wie meinst du? Daran ist nichts gut!« Lilly stockte der Atem, als sie Zora erblickte. Die Stute lief unruhig in der Box auf und ab und stampfte mit den Vorderhufen. Immer wieder blickte sie sich nach ihrem Bauch um. Kein gutes Zeichen.

»Hier. Die Kommentare. Alle lieben es, wie Eve zu sich und ihrem Körper steht und wie sehr sie sich mit bewusster Ernährung auskennt. Ach, sie ist einfach toll!« Er drückte einen Kuss aufs Display.

»Du musst es ja wissen! Kannst du mal das Ding wegstecken. Zora geht es nicht gut, merkst du das denn gar nicht? Was hat sie gefressen?« Lilly führte die Stute vorsichtig aus der Box, nur widerwillig setzte sie einen Huf vor den anderen.

»Rattengift?«, versuchte Matayo es mit einem Scherz.

»Nicht lustig.« Lilly legte ein Ohr an die Flanke. Die Darmgeräusche wirkten normal, nicht sonderlich auffällig. Das hatte nichts zu bedeuten. Zora hatte Bauchschmerzen. Eindeutig. Und Lilly wusste auch, warum.

»Das liegt nicht am Fressen. Das liegt an den neuen Reitgewohnheiten. Mann, Mann, Mann. Warum kann ich das auch nicht verhindern? Und warum passt du nicht besser auf sie auf? Das ist dein Job hier!«, fauchte sie Matayo an. Lilly tastete nach Zoras Puls hinter den Ganaschen. Vierzig Schläge pro Minute, sie schien stabil. Dann führte sie Zora nach draußen und redete beruhigend auf sie ein.

»Krieg dich wieder ein.« Matayo steckte endlich sein Handy weg. »Du weißt selbst, wie Meryam ist. Sie hat ihre eigene Art, mit Zora umzugehen, und mich weggeschickt, ich kann da gar nichts machen ...«

»Kein Wunder, dass Zora Stress hat! Bitte, bitte keine Kolik«, betete Lilly. Das bedeutete einen Anruf bei Doktor Grabowski und ging selten gut aus. Spritze, Sonde setzen und Darm ausräumen – wenn sie Glück hatten, half das, ansonsten ... Lilly schluckte. Sie wollte gar nicht daran denken.

»Zora, bitte, du darfst nicht krank sein«, flüsterte sie ihr ins Ohr, während sie draußen auf dem Reitplatz Runde um Runde drehte. »Komm, lass doch mal so einen richtig schönen Pferdefurz, dann geht's dir besser! Nicht schlappmachen, hörst du! In Bewegung bleiben, das hilft. Bestimmt.«

Immer wieder fühlte Lilly nach dem Puls und schaute auf die Uhr. Eine Stunde schon liefen sie hier draußen herum. Insgeheim betete sie, dass Meryam nicht plötzlich um die Ecke kam. Die hätte sofort nach dem Tierarzt gerufen und alles noch schlimmer gemacht, als es sowieso schon war.

Plötzlich scharrte die Stute mit den Hufen.

»Du willst dich wälzen? Also los! Lass die Anspannung raus.« Lilly gab Zora frei und beobachtete nun, wie die Stute sich auf den Boden legte, drehte und wälzte. Genüsslich schubberte sie sich hin und her, schlug dabei mit den Hufen in alle Richtungen.

»Das sieht gut aus, weiter so!«, rief sie ihr ermunternd zu.

»Finde ich gar nicht! Was, wenn sie sich festlegt?« Matayo kam angelaufen und hatte wieder sein Handy am Wickel. »Ich rufe Grabowski an.«

»Machst du nicht. Du weißt genau, dass Zora ihn nicht leiden kann.«

»Hast du nicht gerade selbst gesagt, *ich* bin für sie verantwortlich?« Er schüttelte den Kopf, aber steckte sein Handy weg. »Ich schau lieber mal nach Frodo, nicht dass sich da noch etwas entzündet.«

»Schau, sie ist schon wieder auf den Beinen!«, rief ihm Lilly hinterher und deutete auf Zora, die sich jetzt ausgiebig den Staub aus Fell und Mähne schüttelte. Dann stellte sie sich breitbeinig hin und ließ einen ewig langen Pferdepups los, dass es von den Bäumen ringsum widerhallte.

»Uff. Was war denn das?! So viel Stress im Bauch?« Lilly hielt sich die Nase zu und wedelte den Gestank davon. »Glück gehabt! Das hätte auch ganz anders ausgehen können.« Erleichtert fiel sie ihrem Liebling um den Hals, als Zora angetrabt kam. Glücklich drückte sie einen Kuss aufs weiche Pferdemaul, das auf einmal ihre Hosentasche durchsuchen wollte.

»Spinnst du? Ich geb dir doch jetzt kein Leckerli! Bis auf Weiteres ist Heu angesagt. Und Wasser. So viel du willst.« Und eine Anti-Stress-Kur, fügte sie insgeheim hinzu. Nur: Wie sollte sie das anstellen? Meryam nahm Zora ganz schön ran, sie hatte den Trainingsplan ja gesehen.

»Es ist der Sattelgurt, oder?« Lilly massierte sanft Zoras Bauch. »Kein Wunder, du bist es ja auch nicht gewohnt ... ich weiß nicht, wie wir das ändern können. Für die Hohe Dressur gehört es nun mal dazu. Ich schau mal nach einem

96

dickeren Polster ...« Zora lief wie ausgewechselt hinter ihr her. Schon fing sie an, Lilly in den Rücken zu stupsen. Eine eindeutige Aufforderung, mit ihr Fangen zu spielen.

»Was ist mit ihr? Was hast du mit ihr gemacht? Wann endlich hältst du dich an unsere Absprachen?«, rief Paul über den Platz. »Ich hab doch gesagt, du sollst nicht mit ihr spazieren gehen! Meryam ist jetzt für sie verantwortlich.«

»Verdacht auf Kolik.« Lilly atmete dreimal tief durch. O Mann. Schnallte der denn gar nichts? Lieber nicht provozieren lassen und mit ihrem Vater streiten. Dann würde es Zora in Zukunft noch schlechter gehen. Empfindsam, wie die Stute war, spürte sie jede Missstimmung im Stall. Den Stress zwischen Meryam und Paul, die Ratten, Matayo, der sich kaum noch für die Pferde interessierte und dauernd am Handy hing, um ja keine neue Folge von Eves Videos zu verpassen.

»Eine Kolik?« Besorgt trat Paul näher und fühlte Zoras Puls. »Sie scheint okay ...«

»Jetzt wieder. Zum Glück.« Lilly nickte und bedeutete Zora, im Paddock mit ihr Fangen zu spielen. Neckend lief sie neben ihr her, wechselte die Richtung, blieb abrupt stehen oder duckte sich. Die Stute verstand sofort und drehte aufgeregte Volten, wechselte zwischen Schritt, Trab und Galopp. Immer wieder kam sie zu Lilly und stupste sie in den Rücken. *Du bist viel zu langsam,* sollte das bedeuten.

»Ist ja gut ...« Lilly kam japsend zum Stehen. Paul hatte die ganze Zeit über am Zaun gestanden und zugeschaut.

»Sie ist gut in Form und folgsam. Ich weiß gar nicht, was Meryam hat«, meinte er.

»Willst du das wirklich wissen?« Lilly atmete tief durch und fasste all ihren Mut zusammen. »Zora ist nicht Frodo, der sich einfach brav jeder Hilfe fügt, willig jeder Parade folgt. Sie ist eine andere Reitweise gewohnt. Meryam nimmt sie zu sehr dran! Sie gibt viel zu harte Hilfen ... reißt ihr im Maul, sitzt nicht geschmeidig im Sattel.«

»Du willst sagen, Meryam ist keine gute Reiterin.« Pauls Stimme klang aufgebracht.

»Ich sage: Sie ist nicht die *passende* Reiterin für Zora. Zora braucht Gefühl, keine Gewalt«, antwortete Lilly ruhig. Jetzt bloß kein falsches Wort. »Schau sie dir doch an! Feingliedrig, wie sie ist ... Sie ist ihren Kommandos und Anforderungen nicht gewachsen, Zora versteht nicht, was Meryam von ihr will.«

»Dann sorgst du ab sofort dafür, dass sie es versteht! Wenn du willst, dass Zora bleibt, unterstützt du Meryam besser beim Training. Ansonsten ... Du hast die Wahl.« Paul nickte ihr noch einmal zu, dann tippte er sich an eine imaginäre Mütze und lief zurück zur Reithalle.

»Das ist nicht fair!«, rief ihm Lilly hinterher.

✦ 9. März

Liebe Ana,

wenn du wüsstest, was ich hier durchmache! Meine Bauchschmerzen sind fast nicht zum Aushalten, manchmal schaffe ich es nicht aufs Klo. Das ist peinlich und furchtbar unangenehm. Seit Tagen geht es nun so, oft gehe ich nicht in die Schule deswegen, sondern einfach in den Wald zu meinen Vögeln, da stört mich niemand und ich fühle mich besser. Und stell dir vor: Ich habe wieder angefangen zu zeichnen, mit den bunten Kreiden, die mir Papa mal geschenkt hat, erinnerst du dich?

Da brauche ich keine Therapeutin, die mir sagt, dass ich mein Leben fließen lassen soll, Lebensfreude wiederentdecken und die Trauer verarbeiten. Das habe ich längst und auch wieder nicht. Die Erinnerung an Papa ist ein Schatz in meinem Herzen, gut versteckt und dort für immer sicher aufbewahrt. Die Bilder male ich nur für ihn, damit er sehen kann, wie es mir geht.

. Aber das kann ich Mutter nicht erklären, sie würde es nicht verstehen, dass mich dieser Zustand froh und traurig zugleich macht.

Weil sie mich überhaupt nicht versteht. Wer kann das schon? Ich weiß ja manchmal selbst nicht, was los ist, kann es nicht erklären, spüre nur, dass etwas mit mir nicht stimmt, nicht stimmt, nicht stimmt. Und fühle mich doch goldrichtig.

Sehr wilde Bilder entstehen da gerade auf meinem Malblock, sie folgen keiner Linie, keinem Gesetz, sie erzählen alles von mir: Ich bin ein brodelnd roter Vulkan, versteckt unter schwarzem Gestein ... ein anderes Bild ist vielbunt, in den wunderbarsten Farben, voll üppiger Blüten und Knospen. Überhaupt die Natur. Um mich herum explodiert der Frühling, das ist hier ganz anders als in der Stadt. Ich genieße das sehr, es ist, als ob so langsam die Lebensfreude zu mir zurückkehrt. Irgendwie geht es weiter, das spüre ich genau. Das hat mit ihr zu tun, sie versteht mich und mag meine Bilder. Zum ersten Mal seit Langem fühle ich mich wieder von jemandem verstanden. Sie hört mir zu, wenn ich von mir erzähle, das tut mir gut.

Und die Glupschauge (die ja eigentlich Dubsky heißt) hat mir eine Depression diagnostiziert, haha, schon klar, wir wissen ja, woran es liegt ... ich lege dir eins meiner

Kunstwerke dazu, meine geliebte Schwester, damit du sichergehen kannst, dass alles stimmt, was ich hier schreibe. Hab keine Angst. Solange ich schreibe und male, geht es mir gut.

Bunt, Fran

Hey du!

*D*er ist und bleibt einfach süß«, schwärmte Eve wieder einmal beim allabendlichen Abwasch. Sie wusste genau, dass sie Lilly damit ärgerte. Doch der machte das ausnahmsweise nichts aus. Die Osterferien standen vor der Tür und das bedeutete zwei Wochen Pause von den Kommentaren und Lästereien der anderen.

»Findest du?« Lilly schaute sie provozierend an. »Ich halte ihn für ziemlich eingebildet und arrogant. So, wie er immer tut. Und über Mädchen redet er schlimmer als ein alter weißer Mann! Voller die Klischees und Vorurteile.«

»Du hast ja keine Ahnung! Er ist wie ich. Ein sensibler Künstler!«

»Was bist du? Eine Künstlerin?« Lilly prustete los und ließ beinah den Topf fallen, den sie zum Abtrocknen in den Händen hielt. Seit der Sache mit dem Video folgte sie Eves Posts unter einem falschen Namen. Darin gab es neben Rezepten für bewusste Ernährung auch wieder coole Schminktipps. Seit Neuestem schwärmte sie von ihrem Traumprinzen, malte in den rosarotesten Farben aus, wie schön es mit ihm war, und träumte von einem weißen Spitzenkleid für ihr erstes Date. Echt jetzt! Eve mit ihren schimmernden Haaren und dem makellos geschminkten Gesicht war wirklich zu perfekt, um wahr zu sein. Lilly fragte sich, wie lange ihr andere wohl noch diese Fassade abnahmen, die so leicht zu durchschauen war. Traumprinz! Romantisches Date! Weißer Tüll! Wer glaubte denn im 21. Jahrhundert noch an so was?

Lilly vermisste Fran. Diesen Fran. Nicht das Arschloch vom Schulhof. Diese eine Begegnung hatte so viel in ihr ausgelöst. Immer wieder rief sie sich die Erinnerung an ihr Gespräch zurück, an seine Worte, seine Nähe. Sie meinte, seinen Duft zu atmen. Und natürlich ritt sie heimlich zur Ruine in der Hoffnung auf ein Wiedersehen. Sie hatte so viele Fragen an ihn! Woher er kam. Und warum er so ein Geheimnis aus seiner Vergangenheit machte. Welche Musik er hörte und ob er Gitarre oder ein anderes Instrument spielte. Ob er Gedichte schrieb, er hatte im Unterricht mal so etwas angedeutet. So begnügte sie sich damit, ihn einfach heimlich anzustarren und seinen Worten zu folgen, wenn er im Deutschunterricht über Goethes Werther und dessen unsägliches Seelenleiden sprach. Vergeblich hatte sie versucht, seine Handynummer herauszufinden. Offensichtlich besaß er gar keins.

»Pah! Da sieht man wieder einmal, dass du nur Pferdeäpfel im Kopf hast ... meine Videos sind Kult. Weißt du, wie viele Follower ich mittlerweile habe?« Eve zog ihr Handy hervor und machte ein Selfie von sich vor dem blitzblanken Kühlschrank.

»Warum machst du das?«, fragte Lilly schlicht.

»Weil es cool ist. Und es im Leben spannendere Dinge gibt, als auf dem Rücken der Pferde über die Wiese zu galoppieren!«

»Größe und Form des Wimpertuschenbürstchens vielleicht?« Lilly schüttelte den Kopf. »Das ist so ein hirnloser Kram! Dass du dir dabei nicht blöd vorkommst. Und alles für den Märchenprinz. Das kannst du deiner Oma erzählen. Welches Mädchen glaubt denn heute noch daran? Noch nie was von Emanzipation und Feminismus gehört?«

»Holla, da hat aber eine Klischees im Kopf! Das eine hat doch mit dem anderen nichts zu tun. Ich habe einfach Spaß daran. Auf meine eigene Meinung verzichte ich deswegen noch lange nicht.« Empört schaute Eve sie an, kurz davor, eine riesige Wuttirade loszutreten. Doch dann atmete sie tief durch, ignorierte geflissentlich den letzten Satz und sagte: »Nur weil du dich nicht schminkst ... echt, Lilly, du hast so ein hübsches Gesicht. Du könntest noch viel mehr aus dir machen. Ein bisschen Mascara hier, die Augenbrauen ordentlich gezupft und vor allem mal einen gescheiten Concealer. Man sieht jeden Pickel.«

»Wenn ich hübsch bin, warum brauche ich dann noch Make-up? Was habe ich davon?« Lilly sah ihre Schwester ebenso ernst an. Sie war gespannt auf deren Antwort.

»Du fühlst dich einfach besser. Weil du etwas für dich tust.«

»Ich male mich an und maskiere mich. Ich bin doch dann nicht echt ...«

»Du verschönerst dich. Allein das macht ein gutes Gefühl.«

»Weil ich nicht schön genug bin? Danke für die Blumen! Gerade eben hast du noch das Gegenteil behauptet. Außerdem *muss* ich doch auch gar nicht schön sein. Zora ist es egal, wie ich aussehe.«

»Zora, Zora, Zora! Kein Wunder, dass du keine Freundinnen hast und sich die Jungs nicht für dich interessieren.«

Bam. Das saß. Natürlich dachte Lilly sofort an Fran, der sie ja auch ständig ignorierte und nichts von ihr wissen wollte. Egal, wie oft sie ihm ihr Heft zum Abschreiben hinschob oder heimlich einen selbst gebackenen Müsliriegel auf seinem Platz deponierte.

»Du meinst, es liegt daran, dass ich nicht aussehe wie ein richtiges Mädchen, und das, obwohl ich lange blonde Haare habe?! Hast du sie noch alle? Das meinst du nicht im Ernst.«

»Doch. Probiere es doch aus. Wenn du willst, zeige ich dir ein paar Schminktipps. Das geht einfach und ganz schnell. Das schaffst du bestimmt, glaub mir. Und außerdem macht es einfach Spaß, schön zu sein.«

»Nein, danke! Ich *bin* schon schön! Und ich fühle mich auch so«, wehrte Lilly ab, sie hatte sich wieder im Griff. Bitte keine Schminksession mit Eve, Spaß konnte sie auch anders haben, als ihr Taschengeld in Tiegel und Töpfchen zu versenken. Dann war sie lieber kein »richtiges« Mädchen.

Schweigend räumten sie weiter die Küche auf. Paul hatte einen Auflauf gemacht und entsprechend viele Geräte benutzt. Die Gemüseabfälle würde Lilly später an die Hühner und Hasen verteilen.

»Wer hat denn jetzt die Klischees im Kopf? Wer sagt, wie

Mädchen sich zu verhalten haben?! Was ist denn ›typisch‹ Mädchen?«, meinte Lilly nach einer Weile und legte den Lappen endlich zur Seite. Fertig. »Wer bestimmt, wie sie aussehen müssen, welche Eigenschaften sie haben. Wie sie sich verhalten müssen. Du? Deine Follower? Fran?«, fragte sie, kramte nach einer Karotte aus dem Vorratsschrank und ließ Eve einfach stehen.

Zora wieherte Lilly entgegen, als sie den Stall betrat. Es herrschte Abendruhe, die Pferde standen zufrieden in ihrer Box. Wotan döste vor sich hin, er hatte heute Damenbesuch gehabt und wirkte sichtlich entspannt. Frodo trug zur Feier des Tages knallrote Ledergamaschen, doch von Ratten war weit und breit keine Spur. Gut so. Bilbo, Pippin und Merry zupften am Heu.

»Und du?« Lilly trat zu Gigi in die Box. »Wie geht's unserer werdenden Mama?« Sie fühlte der Stute den Puls und legte ihr Ohr an den Bauch. »Alles ruhig, oder? Ich glaube, das dauert noch bei dir … vielleicht bleibe ich lieber zur Stallwache hier. Man weiß ja nie.«

Gigi stand schon seit einer Weile in einer geräumigen Abfohlbox, die für die Geburt nötigen Utensilien auf einem Tischchen davor bereit, sie war längst überfällig.

»Na, wen haben wir denn da?« Grinsend drehte sie sich zu Zora um, die ihr in den Nacken pustete. Natürlich war die Stute neugierig, wenn nicht sogar eifersüchtig, und hatte Lilly im Seitenflügel der Stallungen aufgespürt.

Eine wohlige Gänsehaut breitete sich über Lillys Rücken aus. Sie schlang die Arme um Zoras Hals und tauchte ab in ihre Wärme.

»Ich hab dich vermisst! Dir ist es egal, wie ich aussehe, oder? Komm ... machen wir es uns bei dir gemütlich.
Ich hole mir noch schnell eine Decke«, meinte Lilly und
drückte Zora einen Kuss aufs weiche Pferdemaul, die sich
daraufhin entspannt ins Stroh legte. Lilly kuschelte sich
neben sie. An Zoras Seite schlief sie immer tief und fest.
Was gäbe sie darum, ihr Bett im Stall stehen zu haben!

Als Lilly am nächsten Morgen aufwachte, fühlte sie sich
so frisch und munter wie lange nicht mehr. Lilly gähnte herzhaft und streckte sich. Alles war still, die meisten
Pferde dösten noch. Erst als Lilly sich langsam aus der Decke schälte und gemeinsam mit Zora auf die Beine kam,
gerieten die Tiere in Bewegung.

»Ihr habt Hunger, was? Wartet nur, es gibt gleich Frühstück ... ich muss nur erst mal 'ne Runde pinkeln.« Sie
band sich die Haare hoch und lief nach draußen zum Misthaufen.

»Na, du bist ja früh auf den Beinen! Oder hast du etwa
wieder hier geschlafen ...?!«, wurde sie bei ihrer Rückkehr
von Frieda mit einem fröhlichen Grinsen begrüßt. »Ihr
seid mir vielleicht ein Liebespaar! Komm, hilf mir beim
Füttern. Dann können wir die Pferde früher auf die Weide bringen. Es soll heute so schön werden ... und später
bekommen wir einen Neuzugang. Da müssen wir die Box
herrichten.«

Das mochte Lilly so an Frieda: Sie hatte immer gute Laune und machte nie Vorwürfe, egal, was man angestellt hatte, und hatte selbst für Eve Verständnis. Insgeheim hatte
sich Lilly vorgenommen, eines Tages auch so frei und to-
lerant zu denken wie Frieda.

»Ratten gibt es im Stall übrigens keine mehr«, meinte Frieda und füllte die Eimer mit Kraftfutter. »Das Problem hätten wir wenigstens gelöst!«

»Gigi gefällt mir nicht!«, meinte Lilly, nachdem sie der Stute eine Extraportion Futter in den Trog geschüttet hatte. »Es ist ihr erstes Fohlen und sie wirkt auf mich sehr nervös. Als Alma neulich ihr Fohlen bekam, wäre Gigi nebenan beinahe durchgedreht. Und ich dachte, es tut ihr gut, dabei zu sein ...«

»Habe ich auch schon bemerkt.« Frieda machte ein sorgenvolles Gesicht. »Geh doch ein bisschen spazieren mit ihr! Bewegung tut ihr sicher gut und bringt den Kreislauf auf Trab. Zora spielt bestimmt gerne Tante!«

»Zora ist zum Training verabredet«, tönte es harsch hinter den beiden. »Fliegende Galoppwechsel, die Dame muss endlich lernen, ihre Beine zu sortieren ...«

»Die Wechsel beherrscht sie im Schlaf«, rutschte es Lilly heraus und führte Gigi vorsichtig aus ihrer Box, die Stute stakste unsicher neben ihr her. Kein Wunder, sie war dick wie eine Tonne.

»Und warum macht sie sie dann nicht?« Meryam drehte die Gerte in der Hand.

Lilly schaute sie kopfschüttelnd an. Beinahe hätte sie ihr erklärt, dass Zora von dem harten Training Muskelkater hatte und sie deswegen keine geschmeidigen Gänge präsentieren konnte. Zudem verweigerte sich Zora allen konventionellen Hilfen, wie sie Meryam gewohnt war zu geben. Lilly war sich sicher: Würde sie die Stute reiten, ohne Sattel und wie gewohnt nur mit dem Halsring, würden bei Passagen und Piaffen Zoras Beine nur so durch die

Luft fliegen. Dann biss sie sich auf die Lippen. Es hatte ja doch keinen Sinn, Meryam von einer anderen Reitweise zu überzeugen. Stattdessen schickte sie in Gedanken einen dicken Kuss an Zora, bat sie um Geduld und Entschuldigung, und führte dann Gigi nach draußen in den Hof.

Doch weit kam sie nicht. Ein protziges Auto mit einem weißen Anhänger kam auf den Hof gebrettert. Gigi tänzelte irritiert und Lilly stockte der Atem. Aus dem Beifahrersitz schälte sich niemand anderes als Miranda.

»Was machst du hier?«, platzte es aus ihr heraus.

»Wonach sieht's denn aus?« Miranda rollte die Augen. »Mein Vater hat mir ein Pferd geschenkt. Ich soll reiten lernen!«

»Du sollst was?« Vor Schreck hätte Lilly beinahe Gigis Führstrick losgelassen. Ausgerechnet die ungeliebte Klassenkameradin würde in Zukunft auf dem Hof ein und aus gehen. Doch was hatte Paul gesagt: Sie waren froh um jede vermietete Box. »Wusste gar nicht, dass du Pferde magst ...«, fügte sie deshalb versöhnlich dazu.

»Tue ich auch nicht!«, antwortete Miranda bissig.

»Du wirst sie lieben!«, tat ihr Vater die Bemerkung ab. »Hier gibt es ausgezeichneten Reitunterricht. Und lauter nette Mädchen in deinem Alter! Warte nur ab.« Unterdessen war er dabei, die Hängerklappe zu öffnen.

Neugierig trat Lilly näher, gespannt auf den neuen Untermieter. Auto, Hänger und Aufwand nach zu urteilen schien er oder sie besonders wertvoll.

Doch dann marschierten hintereinander ein verstrubbeltes weißes Pony mit rotbraunen Sprenkeln und ein kleines, dickes schwarzes Pony von der Rampe. Wie seinerzeit die

Ponys Max und Moritz und zwei kleine Mädchen in der Kutsche. Der Knall. Und dann der aufgewühlte Schlamm ... Lilly hielt den Atem an. Ponys hatte es auf dem Waldhof seit Jahren nicht mehr gegeben. Schnell schüttelte sie die Bilder von damals ab. Gigi wieherte aufgeregt zur Begrüßung, Lilly redete beruhigend auf sie ein.

»Gestatten: Ketchup und Bob alias Pommes! Sie waren mal im Zirkus.« Mirandas Vater blieb stolz zwischen den beiden Ponys stehen und schaute Lilly erwartungsvoll an. »Zwei für den Preis von einem! Ein echtes Schnäppchen. Pflegeleicht und rittig, Ketchup ist das ideale Anfängerpferd. Die beiden sind unzertrennlich und teilen sich eine Box. Komm, Miranda, nimm mal Bob.«

Die dachte nicht daran, ihre Ponys schienen sie nicht die Bohne zu interessieren. Miranda war mit ihrem Handy beschäftigt und schaute noch nicht einmal auf, als Gigi und die Ponys sich jetzt beschnupperten und auf der Stelle Freundschaft schlossen.

»Dann herzlich willkommen!« Lilly grinste in sich hinein. Zwei ehemalige Zirkusponys für Miranda klangen nach jeder Menge Spaß. Der kleine Bob hatte sich längst vom Führstrick befreit und rupfte in aller Seelenruhe am Seitenstreifen Gras und Löwenzahn. Typisches Shettygebahren! Sein Bauch war fast so dick wie der von Gigi. Ketchup dagegen tänzelte unmerklich, seine Augen blitzten unternehmungslustig, als warte er nur auf die nächstbeste Gelegenheit auszubüxen.

»Gehen Sie doch schon mal vor, die Box steht bereit. Matayo zeigt Ihnen alles ... ich muss mich noch um unsere werdende Mutter kümmern. Oder Gigi? Das dauert nicht mehr lange, komm, gehen wir noch ein Stück.« Kopfschüttelnd schaute sie Miranda hinterher, die jetzt gemeinsam mit ihrem Vater Richtung Stall verschwand. In diesem Moment drehte sich Miranda noch einmal um und kam zu ihr zurückgelaufen.

»Stimmt es, dass Eve hier ihr Loft hat, in dem sie immer ihre Videos dreht? Und ein Film- und Schnittstudio gleich nebenan?« Sie schaute sehnsüchtig zum Haus. Dann verfinsterte sich ihre Miene. »Ich habe keine Lust auf Pferde, damit das klar ist. Das mit den Ponys war die Idee meines Vaters. Mein Ostergeschenk! Weil er ab nächster Woche für ein Jahr in Hongkong arbeitet und ein schlechtes Gewissen hat. Ich mach das hier nur mit, um in Eves Nähe zu sein, damit du es weißt.«

»Schon klar!« Lilly wusste nicht, ob sie lachen oder weinen sollte.

Gedankenverloren drehte sie mit Gigi ein paar Runden über die angrenzenden Weiden. Der Stute schien die Bewegung gutzutun. Ab und zu blieb sie stehen, wie um in sich hineinzuhorchen. Lilly massierte ihr zwischendurch den Rücken, tastete vorsichtig den Bauch ab und befühlte den prall gefüllten Euter, der bereits Harztropfen absonderte. Ein gutes Zeichen.

»Und deine Bänder sind auch ganz weich ... Wenn mich nicht alles täuscht, wirst du heute Nacht noch Mama!«, meinte sie und gab Gigi einen Nasenstüber. »Keine Angst, ich bleibe bei dir. Ich habe hier schon so viele Fohlen mit auf die Welt gebracht ... Wir beide alleine im Stall. Ganz in Ruhe und ungestört, hörst du? Da brauchst du keine Angst zu haben ...«

Sie wollte gerade zurück zum Stall, da hörte sie ein Fahrrad scheppern, Gigi wich erschrocken zurück. Es war Fran, der drüben am Wohnhaus klingelte. Und Eve, die ihm freudestrahlend die Tür öffnete und ihn an den Händen in den Flur zog.

Für einen Moment schwankte der Boden unter Lillys Füßen. Fran traf sich also lieber mit Eve, trotz ihrer besonderen Begegnung bei der Ruine. Wieso machte er das?

Liebe Ana,

ich habe es getan, ich tue es immer wieder. Frage mich bitte nicht, warum, es tut weh. Das andere auch. Also ist es egal, was ich tue, ich habe immer Schmerzen. Die Glupschauge hat mir Tabletten verschrieben, sagt, das seien Folgen der Depression. Was weiß sie schon von meinen Schmerzen, die Ursachen dafür interessieren sie ja nicht. Lebt sie in meinem Körper? Muss sie mit meinen Empfindungen klarkommen? Ich weiß nicht mehr, wer ich bin, ich kann mich gerade selbst nicht leiden. Alles tut weh, jede einzelne Zelle schmerzt. Egal, was ich tue, ich werde noch verrückt. Dass ich zum Fußball gehe, macht die Sache nicht besser. Dieses Gerenne und Gezocke um den Ball nervt mich voll ab. Leider bin ich mal wieder verletzt und kann deshalb nicht zum Training gehen, du verstehst. Dafür flirte ich mit den Mädchen, was das Zeug hält. Nenn mich Casanova! Gestern habe ich Eve besucht, sie ist die Hübscheste von allen und ich mag sie sehr. Sie duftet so gut. Und sie weiß alles über Schönheitspflege, du müss-

 test mal ihren Schminktisch sehen. Alles voller Fläschchen und Tiegel und Puder! Glitzerfarben, Lipgloss, Blushs, wohin das Auge blickt ... Kann man sich jetzt drüber lustig machen, wenn sie über die richtigen Techniken referiert und ihr perfekt geschminktes Gesicht in die Kamera hält. Und ihr Equipment mit Lichtern, Kameras und allem Drum und Dran müsstest du mal sehen. Influencerin ist echt harte Arbeit, sei dir versichert, und ich bewundere sie dafür, weil sie hochprofessionell mit bekannten Firmen im Geschäft ist. Dummerweise hat sie ständig Stress mit ihrer Schwester, was ihr manche Abonnent:innen echt übel nehmen. Keiner steht mehr auf Zickenkrieg. GNTM war gestern, mittlerweile ist im Netz so viel Liebe zu spüren, Frühlingsgefühle und so. Ich habe mich mit ihr lange darüber unterhalten und ihr geraten, sich weicher, nahbarer und emotionaler zu zeigen. Das fühlt sich viel friedvoller an. Seit ich mit Eve abhänge, ist mein Leben ein bisschen ruhiger, normaler, haha. Klare Grenzen, klare Rolle. Ich gewöhne mich. Manchmal falle ich selbst auf mein Schauspiel herein. Fake it till you make it.

Verändert, Fran

Mehr als 1 PS

Lilly verarztete gerade Frodos geschwollenes Sprunggelenk, als Eve Arm in Arm mit Fran in der Stallgasse auftauchte. Trotz ihrer Pferdehaarallergie. Wahrscheinlich
wollte sie vor Fran mit dem erfolgreichen Gestüt angeben.
Schnell versteckte sich Lilly in Frodos Box. Die beiden
sollten bloß nicht merken, dass sie sie beobachtete.

»Voilà, hier stehen unsere Pferde: Frodo, Pippin, Merry ...
da drüben die Schulpferde. Im anderen Flügel die werdenden Mama-Stuten. Das dahinten ist Wotan, unser ganzer
Stolz«, hörte Lilly sie sülzen und traute ihren Ohren kaum,
während sie gebückt in der Box Frodos rechte Hinterhand
abtastete. Der Wallach zog sofort sein Bein weg, er hatte
sich beim Springtraining verletzt und reagierte empfind-
lich auf jede Berührung. Meryam tobte vor Wut und Sorge
zugleich, zumal sie in ihrem Plan um Wochen zurückge-
worfen wurde.

»Und diese ... Wunderstute? Ich habe gehört, hier steht
ein kostbares Dressurpferd?« Das war Fran. Lilly hielt den
Atem an. Das wäre eigentlich die Gelegenheit, aus ihrem

Versteck aufzutauchen und ihm Zora vorzustellen. Lieber nicht. Dann würde Eve merken, dass sie sich schon mal getroffen hatten. Neulich. Mitten in der Nacht und niemand wusste davon.

»Du meinst Zora? Die geht offensichtlich mal wieder spazieren. Sie ist ein bisschen gaga. Wie ihre Reiterin! Beide haben diese unglaublich langen Haare und kommen sich wahnsinnig toll vor. Gehen wir lieber wieder ...« Eve hüstelte, die Allergie. Lilly hörte, wie sich die Schritte der beiden entfernten.

»Hast du das gehört? Er interessiert sich für Pferde! Bestimmt kommt er jetzt öfter zu Besuch ...« Lilly kraulte Frodo den Schopf. »Und jetzt bekommst du einen schönen Verband. Morgen kommt Doktor Grabowski und schaut nach dir ... wer weiß, vielleicht muss er auch heute Nacht schon kommen. Gigi ist so unruhig, das ist nicht gut. Natürlich ist es ihr erstes Fohlen ... nur so aufgeregt müsste sie nun auch nicht sein.« So erzählte Lilly in einer Tour, während sie mit Salbe und Verband hantierte. Frodo wirkte wie am Boden zerstört. Sicher hatte er schon von einer Karriere als Springpferd geträumt und sich Chancen auf eine goldene Schleife ausgemalt.

»Da wird sich Paul überhaupt nicht freuen«, meinte Matayo, der zu ihnen in die Box getreten war, und klopfte Frodo den Hals. »Schon die dritte Verletzung, seit Frodo von ihr geritten wird. Könnte mir vorstellen, dass der Besitzer diesmal Konsequenzen zieht und kündigt.«

»Da ist er leider nicht der Einzige«, seufzte Lilly. »Die Mutter von Leyla macht auch Stress. Angeblich wurde sie von Pippin gebissen. Von Pippin! Ausgerechnet. Der tut doch keiner Fliege was zuleide. Ganz bestimmt haben die Kinder ihn mit ihrer Mähnenflechterei genervt. Er mag das einfach nicht ...«

»Und, meinst du, heute Nacht ist es so weit?« Mittlerweile standen sie vor Gigis Box. Zora knabberte der werdenden Mama zärtlich am Widerrist.

»Ich glaube schon. Mein Nachtlager ist schon bereitet. Und Zora leistet uns Gesellschaft, wie du siehst.« Lilly deutete auf die Box nebenan, wo Stroh zu einem gemütlichen Nest aufgeschüttet war.

»Du meinst, ich werde hier nicht gebraucht?« Matayo schaute sie fragend an.

»Du hast noch etwas vor?«, mutmaßte Lilly.

»Ich will Eve besuchen. Fragen, ob sie ein paar Fotos von mir für meinen Bericht machen kann. Sie hat doch diese Profiausrüstung ... Gute Idee, oder?« Er grinste breit und war schon zur Stalltür hinaus, bevor Lilly ihn wegen Fran vorwarnen konnte.

Sie trat kopfschüttelnd zu Gigi in die Box. »Verrückter Kerl. Bewirbt sich als Model für ihre Sessions. Na, das kann ja was werden. So, meine Hübsche, ich hole mir jetzt noch was zu essen und zu trinken und dann mache ich es mir nebenan gemütlich, einverstanden? Zora bleibt solange bei dir!«

Es war gegen Morgen, da ging es bei Gigi los. Sofort war Lilly auf den Beinen. Sie dachte nicht daran, Meryam oder Paul zu rufen, obwohl sie es ihnen hatte hoch und heilig versprechen müssen. Die Anwesenheit von so vielen Leuten hätte den natürlichen Ablauf nur gestört. Meryam war bei Geburten immer furchtbar aufgeregt und machte alle Beteiligten nervöser, als sie sowieso schon waren. Und Paul stand nur wie gelähmt dabei und überließ es anderen, dem neuen Vierbeiner auf die Welt zu helfen. Lilly hatte noch nie erlebt, dass er mit anpackte. Selbst damals nicht, als der kleine Merry im Geburtskanal stecken blieb und sie das Fohlen mit Seilen herausziehen mussten.

Aufmerksam behielt sie die Stute im Blick. Gigi würde das alleine schaffen, ganz in Ruhe. Man musste nur Vertrauen haben. Normal ist die normale Geburt. Bei Menschen wie bei Tieren. Das sagte Frieda doch auch immer.

Die Stute plagten jetzt die Wehen, sie liefen in Wellen über ihren Körper. Gigi drehte und wälzte sich, stand wieder auf, lief unruhig umher. Dann setzten die Presswehen ein. Sie legte sich ins Heu, wurde ganz ruhig. Ein gutes Zeichen. Das Fohlen kam! Endlich!

Lilly kniete sich zu der Stute ins Stroh, drehte den Schweif zur Seite. Die Beinchen guckten schon raus. Beherzt griff sie danach und unterstützte so die Geburt, ein, zwei Wehen, ein Pressen und Ziehen, dann lag das Fohlen im Heu. Schnell öffnete Lilly die Eihaut, damit es atmen konnte, trat dann sogleich einen Schritt zur Seite, damit Gigi ihr Fohlen in Ruhe begrüßen konnte. Es war ein kleiner Hengst. Kohlrabenschwarz mit einer winzigen weißen Flocke wie ein Punkt, ach was: ein Pünktchen nur.

Doch Gigi dachte nicht daran, ihr Neugeborenes zu begrüßen. Sie lag erschöpft im Heu und drehte sich zu ihrem Kind noch nicht einmal um.

»Hey, meine Hübsche, herzlichen Glückwunsch!«, rief ihr Lilly aufmunternd zu. »Du bist Mama! Und was für ein hübsches Kind du hast … sieht aus wie ein Pünktchen, der Kleine«, schob sie schmeichelnd hinterher. »Du musst es trocken lecken, damit sein Kreislauf in Schwung kommt. Hilf ihm!«

Das Kleine zappelte, versuchte aufzustehen, was mit den langen Fohlenbeinen gar nicht so einfach war. Immer wieder fiel es hin, doch es gab nicht auf. Irgendwann stakste es unsicher durch die Box. Es suchte nach seiner Mutter, nach dem Euter, doch die drehte sich immer wieder weg. Gigi interessierte sich nicht. Sie lag immer noch im Heu und wirkte müde und erschöpft.

»Und nun? Muss ich die anderen doch wecken? Wenn du dein Fohlen nicht annimmst, müssen wir uns etwas einfallen lassen. Bitte, tu mir das nicht an! Du bist doch bestimmt eine tolle Mutter! Du kannst dein Kind nicht einfach so im Stich lassen, hörst du?« So redete sie auf Gigi ein, versuchte, ihr das Kleine unter die Nase zu halten.

Mit einem sanften Schnauben trat Zora zu ihnen in die Box. Sie stupste das Kleine aufmunternd in die Seite, knabberte und leckte es trocken. Immerhin drehte Gigi jetzt den Kopf, stand endlich auf und schied dabei die Nachgeburt aus. Doch zu früh gefreut. Gigi schüttelte sich einmal, dann lief sie zur Tränke.

Geduldig wartete Lilly, was als Nächstes passierte. Sie wusste, dass Stuten manchmal Zeit brauchten, gerade, wenn es ihr erstes Fohlen war, wie bei Gigi. Doch als nach einer halben Stunde geduldigem Zureden, Annähern, Anstupsen nichts geschah, Gigi ihr Fohlen sogar zur Seite schubste und nach ihm trat, musste Lilly handeln.

»Ich hole die Fohlenmilch! Zora, pass gut auf die beiden auf, dass nichts passiert, okay? Das dauert einen Moment.« Lilly lief los. Zu dumm, dass der Wasserkocher hinten in der Sattelkammer war.

Als sie endlich mit der Saugflasche in der Hand zurückkam, traute sie ihren Augen nicht. Der kleine Hengst stand Seite an Seite bei seiner Mutter und trank.

»Na also!« Tränen der Rührung liefen über Lillys Gesicht. Dann umarmte sie Zora froh. »Das hast du gut gemacht, beste Tante der Welt. Was täte ich nur ohne dich!« Zufrieden sah sie Mutter und Kind noch eine Weile zu, bevor sie sich neben Zora in der Nachbarbox zum Schlafen zusammenrollte.

»Was meinst du? Gibt es ein Donnerwetter morgen früh oder nicht? Ich wette, ohne dich hätte es heute Nacht schon ein Riesentheater gegeben. Dann lieber erst morgen, oder?«

Lilly hatte sich zu früh gefreut. Gigi nahm den kleinen Hengst auch in den folgenden Tagen nicht richtig an. Immer wieder stieß sie ihn weg, ließ ihn nicht trinken. Meryam und Doktor Grabowski arbeiteten mit allen Mitteln der Kunst, um Gigi zu beruhigen. Was im Klartext bedeutete: mit der Bremse ruhiggestellt, damit das Fohlen wenigstens ein paar Schlucke trinken konnte. Natürlich war Paul alles andere als erfreut über Lillys eigenmächtiges Handeln in jener Nacht. Es hagelte Vorwürfe, am Ende schaltete Lilly einfach auf Durchzug, es war sowieso zu spät. Gigi wurde als Zuchtstute von der Liste gestrichen und für das Kleine dringend eine Amme gesucht, sonst würde es die nächsten Monate nicht überleben. Es wirkte sehr einsam und verlassen und von Stunde zu Stunde schwächer, kümmerte traurig vor sich hin. Lilly verbrachte jede freie Minute bei dem kleinen Hengst, versuchte es mit der Flasche, streichelte, massierte, kraulte, nichts. Selbst Zora, die immer wieder seine Nähe suchte und dem Kleinen aufmunternd das Fell leckte, bemühte sich vergeblich. Das war ungewöhnlich.

Und dann geschah ein Wunder. Bob, der kleine, zottelige Shetty, war ausgebüxt und auf einem seiner Streifzüge im Seitenflügel des Hofes gelandet. Oder er war gezielt zu dem Fohlen marschiert, so sicher war sich Lilly da im Nachhinein nicht. Denn als Frieda eines Morgens in den Stall kam, traute sie ihren Augen nicht: Pünktchen trank. Bei Bob.

»Kneif mich mal«, meinte sie, als Lilly auf ihren Schreckensschrei hin angerannt kam. »Das gibt es doch nicht! Dachte, das ist ein Kerl?!«

»Offensichtlich nicht! Die muss vorher gefohlt haben.« Lilly grinste breit und stellte ihre Eimer mit einem Jubelschrei ab. »Vor lauter Fell haben wir bei ihr wohl nicht richtig nachgeschaut ... Ist doch auch egal, oder? Dann hat unser kleines Sorgenkind jetzt endlich eine Amme.«

Überglücklich schauten sie den beiden zu. Endlich hatte Pünktchen in Bob jemanden zum Kuscheln und Liebhaben gefunden.

Sofort waren die beiden Stallgespräch. Jeder wollte Pünktchen und Bob zuschauen, wie sie miteinander spielten, schmusten oder ganz einfach draußen auf der Weide grasten. Miranda war es nur recht. Dann musste sie sich nur noch um ein Pony kümmern und auch dazu schien sie keine Lust zu haben. Sie schloss mit Leyla einen Deal: Die durfte, so oft sie wollte, Ketchup reiten, striegeln und spazieren führen, dafür musste sie ihr regelmäßig Sprachmemos schicken und Reels drehen. So konnte sie Leylas Erlebnisse mit dem Pony als ihre eigenen ausgeben und der Vater merkte nichts. Der bekam so oder so nichts mit. Denn nach einer großzügigen Spende und wohlwollenden Worten ließ er sich auf dem Hof nie wieder blicken und reiste nach China.

Dafür war Fran jetzt öfter, als es Lilly lieb war, auf dem Hof zu Besuch – bei Eve, die ihn unbedingt als männliches *Role Model* in ihren Videos haben wollte, was ihm offensichtlich schmeichelte und Matayo zu Eifersuchtstiraden anstachelte.

»Der Typ ist ein Blender. Ich verstehe nicht, was Eve an ihm findet!«, gab er fluchend von sich und wollte sich überhaupt nicht wieder beruhigen. Da war es auch kein großer Trost, dass Eve es bisher noch nicht geschafft hatte, Fran vor der Kamera zu präsentieren. Sicher war es nur eine Frage der Zeit, bis er ihrem Drängen nachgab. Fran behandelte Lilly nach wie vor wie Luft. Von der Nähe und Vertrautheit jener Nacht war nichts zu spüren, und das tat weh. Es kam ihr vor, als hätten sie sich nie getroffen. Lilly konnte Matayo nur zustimmen, Fran war ein Blender und ganz bestimmt spielte er nur mit Eves Gefühlen. Doch was kümmerte sie das überhaupt?

Da beobachtete Lilly eines Tages zufällig, wie Fran durch den Seiteneingang in die Reithalle schlich. Schnell duckte sie sich weg. Er lief durch die Stallgasse, streichelte die neugierigen Pferdeköpfe, die sich ihm durch die Gitterstäbe entgegenstreckten. Zora trabte ihm entgegen und begrüßte ihn wie einen alten Bekannten, die olle Verräterin. Ausgerechnet sie, die sonst niemanden an sich heranließ, ließ sich von Fran ausgiebig streicheln und beschmusen. Lilly traute ihren Augen kaum. War das das Arschloch Fran, der lautstark über Pferde lästerte? Nach einer Weile löste er sich aus der Umarmung und lief zielstrebig zum Holzpferd. Lilly beobachtete ihn aus sicherer Entfernung.

Fran war aufgestiegen und tat so, als würde er galoppieren. Peinlich sah das aus und doch ganz echt. Von irgendwo her hatte er sich einen Helm genommen, mit der Gerte in der Hand tat er so, als würde er sein Pferd noch schneller antreiben. Ganz in sich versunken, ganz glücklich und weich, wie damals in jener Nacht. Keine Spur vom draufgängerischen Fran, der den Mädchen dumme Anmachsprüche hinterherrief oder sich abschätzig über Pferde äußerte. Nach einer Weile stieg er ab und lief in die Sattelkammer. Dort befühlte er das aufgehängte Zaumzeug. Insbesondere die mit dem Glitzerstirnband schienen es ihm angetan zu haben. Dann ging er an den Spind.

Unangenehm berührt wandte Lilly den Blick ab. Das, was da gerade in der Sattelkammer geschah, war bestimmt nicht für ihre Augen bestimmt. Eine innere Stimme empfahl ihr, die Sache auf sich beruhen zu lassen und Fran niemals darauf anzusprechen, dass er in fremde Reithosen schlüpfte. Vielleicht würde sie ihm einmal anbieten, auf Frodo zu reiten. Oder ihn mit zu Gigi nehmen, die nach ihrer Geburt sehr abwesend und deprimiert wirkte, sie konnte sicher Aufmunterung in Form eines neuen Freundes gebrauchen.

Liebe Ana,

jetzt ist passiert, was nicht hätte passieren dürfen. Einfach so. Natürlich habe ich mir die ganze Zeit etwas vorgemacht, dachte, ich kann der Versuchung widerstehen, aber etwas in mir ist stärker. Diese Sehnsucht treibt mich, das glaubst du nicht, und der Glupschauge erzähle ich auch nichts davon. (Dafür tische ich ihr die herrlichsten Depressionsstorys auf und sie merkt es nicht! Ach, du kannst stolz auf mich sein!) Eve hat leider mit Pferden nichts am Hut, sie hat eine furchtbare Allergie und meidet den Stall wie der Teufel das Weihwasser. Und Mutter darf das auch nicht wissen oder am Ende gar riechen, dass ich heimlich bei Zora im Stall war. Jeden Abend scannt sie meine Fingernägel und ich bin mir sicher, sie kontrolliert auch meine Kleider im Schrank. Ganz anders als Papa, weißt du noch? Dem war das immer ganz egal, für welche Klamotten ich mich interessierte, und hat mir zu Fasching erlaubt, als Prinzessin zu gehen. Was für ein Theater bei den anderen Eltern damals, erinnerst du dich an den Aufruhr im Kindergarten? Meine Kumpels wollten alle auch ein Glitzerkleid und durften nicht. Und wie sehr habe ich meine Goldballerinas geliebt! Jeder wollte mal meine Krone aufsetzen. Das war der glücklichste Tag in meinem Leben. Lange ist es her, wie gerne würde ich wieder eine Krone tragen. Jetzt fühle ich mich wie ein ungeküsster Prinz, der gerne eine Prinzessin wäre.

Es ist zum Verzweifeln, Ana. Wirklich. Ich fühle mich gefangen in einer Person, die ich nicht bin, aber sein sollte. Wie komme ich dagegen an? Je mehr ich versuche, jemand anderes zu sein, desto stärker spüre ich, wer ich wirklich bin. Ich weiß nicht, wie lange ich das noch durchstehe, keine Ahnung, was das soll und mit mir macht. Ich fühle Schmerzen, am ganzen Körper, und weiß nur eine Lösung. Doch die ist mit Papa aus meinem Leben verschwunden.

Ich sehe dein sorgenvolles Gesicht, liebe Schwester, und ja, es geht mir nicht gut. Hab keine Angst, ich werde mir nichts antun, ich habe es Papa ja versprochen. Ich halte durch. So oder so. Immerhin habe ich jetzt außer der Ruine im Wald einen neuen Ort gefunden, zu dem ich mich flüchten kann. Und in Eve eine Freundin, die mich versteht. Sie nennt mich »Muse«, weil ich sie zu neuen Folgen für ihren Kanal inspiriere, und ich genieße jede Minute, die ich bei ihr vorm Spiegel verbringen kann. Sie hat so wunderschöne Kleider!

Doch die innere Leere bleibt.

Einsam, Fran

Frühlingsgefühle

Der April machte, was er wollte, und seinem Ruf alle Ehre. Schien am einen Tag noch die Sonne und Lilly arbeitete mit den Pferden im T-Shirt draußen auf dem Platz, regnete es am nächsten in Strömen und man brauchte die Jacke. Zwischendurch schneite es sogar einmal. So auch heute. Der Himmel war grau verhangen, die Wege matschig und die Stimmung entsprechend im Keller. Die Einzige, die gute Laune hatte, war Lilly. Sie genoss die letzten Ferientage in vollen Zügen und verbrachte jede Minute im Stall. Obwohl etliche Boxen leer standen, gab es viel zu viel zu tun. Wände säubern, Fenster putzen, Spinnenweben entfernen … Während Matayo augenrollend das Weite suchte und lieber ein Pferd nach dem nächsten zur Führmaschine brachte, war Lilly in ihrem Element. Sie liebte dieses alljährliche Ritual des Saubermachens, »Kehraus«, wie sie es früher immer genannt hatten. Früher, als ihre Mutter noch lebte und alles eins war. Damals gab es keine strikte Trennung zwischen Büro, Haus und Stall, da saß man in Reithosen am Schreibtisch oder lief selbst im Schlafanzug zu den Pferden, weil eins von ihnen eine Kolik hatte oder ein Verband gewechselt werden musste. Seit Meryam war alles anders. Sie bestand auf getrennte Arbeitsbereiche und für bestimmte Dinge fühlte sie sich nicht zuständig. Ausmisten und Fensterputzen gehörten dazu ebenso wenig wie Sattelpflege oder Heu einlagern.

Manchmal fragte sich Lilly, ob Meryam Pferde wirklich liebte oder ob es ihr nur um Erfolge ging. Sie besaß eine eiserne Disziplin, saß selbst mit Fieber im Sattel und trainierte an einem Tag bis zu zehn Pferde, wenn es sein musste. Freilich blieb dann wenig Zeit für Putzen und Schmusereien geschweige denn Ab- oder Trockenreiten. Dafür waren Matayo und Frieda zuständig und wann immer sie Zeit hatte, half Lilly mit.

Heute jedoch hatte sie sich die Fenster vorgenommen, trotz des Dauernieselregens. Auch wenn andere sich gerne davor drückten, fand Lilly die Arbeit mit Wischlappen und Putzeimer befriedigend. Die sich wiederholenden Bewegungen, das Reinigen der Flächen wirkte beruhigend und Lilly konnte dabei ihren Gedanken freien Lauf lassen. Wenn sie die Scheiben polierte, kam es ihr vor, als beseitige sie nicht nur den Schmutz, sondern sortierte auch ihre Gefühle. Zu Fran. Zu Eve. Warum auch war gerade alles so kompliziert?

Braun verkrustet noch von Fliegen- und Schwalbendreck des vergangenen Jahres, blitzten und blinkten die Stallfenster alsbald wie neu. Längst hatten sich Frodo, Pippin und Merry an das Geklapper der Eimer und Geplätscher des Putzlappens gewöhnt. Frodo trug einen dicken knallgrünen Verband und konnte sich sowieso kaum bewegen. Trotzdem keine Spur von Angst und Erschrecken. Das lag daran, dass Lilly mit ihnen immer wieder solche Situationen übte. Abends, wenn Meryam »Feierabend« hatte, holte Lilly mal den einen, mal den anderen aus seiner Box, um mit ihm über Plastikplanen oder durch den Wassersprenger zu reiten. Es hatte eine Weile gedauert, bis sie Lilly alle ruhig und gelassen folgten. Doch die Mühe hatte sich gelohnt. Die Pferde waren ausgeglichen und vertrauten ihren Reiter:innen, weil sie spürten, dass ihnen nichts geschah. Es gab nicht viele Höfe, auf denen es den Pferden so gut ging wie auf dem Waldhof.

»Na, meine Gute, wie geht's dir?« Vorsichtig entriegelte Lilly Gigis Box. Die Stute erschreckte sich seit der Geburt bei jeder Begegnung. Immerhin ließ sie sich jetzt von Lilly ausgiebig unter der Mähne kraulen und schnaubte entspannt. Als Lilly jetzt die Leiter aufklappte und mit dem Wischwasser plätscherte, bäumte sie sich erschrocken auf.

»Oh, das hatten wir doch schon mal?« Lilly seufzte und setzte die Leiter ab. Das Geräuschetraining mit Gigi war eine Weile her und es hatte viel Geduld erfordert, bis die Stute schließlich verstanden hatte, dass von aufklappenden Leitern keine Gefahr ausging. Damals waren sie jedoch in der Reithalle gewesen und Gigi hatte ausreichend Platz gehabt, vor der »Gefahr« zu flüchten.

»Also gut, noch mal. Du erinnerst dich bestimmt.« Abermals hantierte Lilly mit der Leiter, strich über die Sprossen und blieb neben ihr stehen, um der Stute zu zeigen: Dir passiert nichts, wenn du stehen bleibst. Abermals wich Gigi zurück, abermals berührte Lilly die Leiter. Sie ließ der Stute Zeit, drängte sie nicht. Geduldig wartete sie ab, wie Gigi sich verhielt. Die hatte sich in die hinterste Ecke ihrer Box verzogen, beäugte die Leiter aus sicherer Entfernung. Irgendwann streckte sie neugierig den Kopf, um das seltsame Teil zu beschnuppern. Dann wich sie wieder zurück, zupfte ein paar Heuhalme, um sich dann wieder vorsichtig der Leiter zu nähern. Lilly stand in der ganzen Zeit still dabei, sagte keinen Ton. Aufmerksam beobachtete sie, wie Gigi vorsichtig Huf um Huf nach vorne setzte, bereit, jederzeit zurückzuweichen. Sie wirkte über die Maßen angespannt, weswegen Lilly das Leitertraining am liebsten in die Halle verlegt hätte, um der Stute mehr Freiraum zu erlauben. Die Boxen auf dem Waldhof waren zwar sehr geräumig, für ein Fluchttier trotzdem viel zu eng. Wäre das Wetter besser gewesen, hätte sie Gigi auf die Koppel gebracht.

Irgendwann hatte Gigi es geschafft. Sie senkte den Kopf und blinzelte dabei, ein eindeutiges Zeichen. Als Lilly ihr lobend den Hals klopfte, schnaubte sie zufrieden.

»Na siehst du, dann kann ich jetzt endlich meinen Frühjahrsputz fortsetzen. Irgendwie habe ich das Gefühl, ich muss hier für mehr Klarheit sorgen«, murmelte Lilly. Seufzend dachte sie an Fran, Eve und sich selbst, bevor sie engergisch zum Lappen griff.

Die blitzblanken Fenster konnten über die schlechte Stimmung im Stall nicht hinwegtäuschen. Eine Mutter hatte sich über Meryams Unterrichtsmethode beschwert, weil diese ihre Tochter immer noch im Schritt an der Longe gehen ließ, anstatt mit ihr einen Ausritt zu machen. Eine andere wollte sich mit Frieda anlegen, die darauf bestand, dass alle Reiter:innen ihre Pferde eigenhändig striegelten, sattelten und vor und nach der Reitstunde versorgten. Hufe auskratzen gehörte dazu, angeblich war das eine nicht zumutbare Arbeit. Und Matayo hatte sich bei den Pferdemädchen unbeliebt gemacht, weil er ein Shirt aus Eves Fanshop trug.

Als dann ein Hagelschauer das Gelände in eine Schlammgrube verwandelte, war die gute Laune endgültig vorbei. Schließlich wollten alle nach dem langen Winter endlich draußen auf dem Platz reiten und mussten jetzt noch länger mit der Halle vorliebnehmen.

»Wenn das so weiterregnet, können wir hier *Muddy Angel* veranstalten und keinen Reitunterricht«, seufzte Frieda beinahe täglich, wenn sie in den grauen Himmel starrte. »Die Pferde scharren mit den Hufen, die wollen raus auf die Weide. Ihnen würde das ja nichts ausmachen. Ihre Besitzerinnen und ihre Besitzer haben Angst, dass sie sich eine Erkältung holen …«

Einzig Pünktchen und Bob sorgten für Abwechslung und gute Laune. Überall erregte das ungleiche Paar Aufsehen. Pünktchen war in den letzten Wochen um einiges gewachsen und hielt Bob ganz schön auf Trab. Manchmal wirkte es verpeilt und rannte gegen alle möglichen Hindernisse.

»Strabismus«, meinte Matayo, der sich neben Lilly an den Zaun gestellt hatte. »Gerade gelernt. Könnte auch Schlimmeres sein: Mikrophthalmus, Kryptophthalmus, Enophthalmus …«

»Hör auf! Ich schick dich nie wieder in die Berufsschule!« Lilly winkte lachend ab. »Pünktchen ist putzmunter, siehst du doch!«

»Wir sollten trotzdem Grabowski nachschauen lassen«, meinte er. »Sicher ist sicher.«

»Und das bei vollen Zuchtpapieren!«, meinte Paul kopfschüttelnd, als er von der Diagnose hörte: manifestes Schielen. »Gigi werden wir sowieso nicht mehr einsetzen. Wir haben die Stute bereits zum Verkauf angeboten ...«

»Das ist mal wieder typisch, immer sind die Frauen schuld. Kann doch auch an Wotan liegen!« Lilly verzog das Gesicht. »Außerdem ist es doch echt egal, Hauptsache, der Kleine ist gesund.« Sie standen vor der Box und beobachteten amüsiert, wie Pünktchen um Bob herumwuselte, was diese geduldig über sich ergehen ließ. Nur hin und wieder wies sie ihn mit einem Nasenstüber in die Schranken.

»Und was machen wir mit dem Nichtsnutz? Du glaubst doch wohl nicht, dass ich ihn als Reitpferd ausbilde!« Meryam war entsetzt darüber, dass auf dem renommierten Waldhof ein schielendes Fohlen auf die Welt gekommen war. Sie hatte ihr Handy in der Hand und suchte nach irgendetwas.

»Was?« Vor Empörung blieb Lilly die Spucke weg. »Das ist ein Lebewesen wie alle anderen auch! Natürlich reiten wir Pünktchen und bringen ihm alles bei, Strabismus spielt doch überhaupt keine Rolle!«

»Finde ich auch!«, stimmte ihr Frieda zu, von der ersten Stunde ein begeisterter Fan von Pünktchen. »Der Kleine ist das vielversprechendste Fohlen, das wir seit Langem hier auf dem Hof hatten. So lernbegierig, so ein ausgeglichener Charakter! Sieh dir doch mal die langen Beine an ... Und Bob ist die beste Amme. Ketchup ist seit Neustem auch immer dabei, ich überlege, die drei gemeinsam unterzustellen. Das Töchterchen kümmert sich sowieso nicht. Ich habe sie seit Wochen nicht mehr hier im Reitunterricht gesehen.«

Lilly grinste verächtlich. Sie vermisste Miranda nicht die Bohne. »Zum Glück gibt es Leyla! Sie macht das super mit Ketchup, etwas Besseres konnte ihm gar nicht passieren«

»Ein Dreier?«, warf Meryam ein. »Das wird immer schlimmer. Kommt nicht infrage! Ich will, dass wir es verkaufen! Irgendsoein Tierschutzverein, Gnadenhof oder so was ... muss ja nicht gleich der Abdecker sein.« Lilly stockte der Atem. Meryam schaute Paul entschlossen an. »Das hier darf niemand erfahren. Wir können uns keinen Skandal in der Zucht leisten! Im Moment sieht sowieso alles düster aus. Von Wotan hängt jetzt alles ab! Er hat eine ausgezeichnete Abstammungslinie, erstklassige Referenzen in dieser Saison, die setzen wir doch jetzt nicht aufs Spiel.«

Zum Glück schüttelte Paul den Kopf und Lilly legte sofort nach. »Das könnt ihr nicht machen. Pünktchen ist gesund! Es lernt so schnell, sein Auge kompensiert das bestimmt. Hast du es mal auf der Weide beobachtet? Es hat viel Charakter! Und die besten Anlagen für ein erfolgreiches Springpferd.«

Was Meryam da von sich gab, war unerträglich. Was fiel ihr ein, so über ein Lebewesen zu sprechen!

»Dass ich das noch erleben darf. Welch Skandal auf diesem ehrenwerten Hof!« Frieda wandte sich grinsend ab.

»Sparen Sie sich solche Bemerkungen!« Meryam blitzte die Stallmeisterin scharf an. »Sonst muss ich am Ende *Sie* einsparen.«

Wie bitte? Lilly hielt die Luft an. Die beiden Frauen hatten sich noch nie besonders gut leiden können, zu unterschiedlich ihr Umgang mit Pferden. Meryam duldete die Stallmeisterin nur, weil niemand ein besseres Händchen für die Tiere hatte und Frieda zwar eigenbrötlerisch, jedoch die Zuverlässigkeit in Person war.

»Das wagen Sie nicht.« Frieda lächelte Meryam freundlich zu. »Ich gehe jetzt zu Wotan. Der Gute hat die Krise, er hatte vorhin ein Rendezvous mit der Phantomstute ...« Eimerklappernd lief sie davon.

»Wir geben Pünktchen nicht weg, oder?« Lilly sah zu Paul.

Der schüttelte den Kopf. »Nein. Das wäre verschenktes Kapital. Das Kleine hat hervorragende Anlagen, das sieht man auf den ersten Blick.«

»Hurra, hast du gehört!« Vor Freude schlang Lilly Pünktchen die Arme um den Hals.

»Ich ackere von früh bis spät, damit der Hof am Laufen bleibt, und jetzt ruinierst du alles?« Meryam schaute Paul vorwurfsvoll an. »Ihr werdet schon sehen, was ihr davon habt. Ein schielendes Fohlen! Das könnt ihr doch nicht einfach so unterschlagen!« Mit diesen Worten drehte sie sich wutschnaubend weg.

»Schon seltsam«, meinte Paul, nachdem sie beide alleine waren. Behutsam strich er über Pünktchens Beine, befühlte Kruppe und Schultermuskulatur. Dann richtete er sich entschlossen auf und kraulte ihn zwischen den Ohren. »Er ist wirklich besonders ... und jetzt kommt es darauf an, was wir daraus machen. Pünktchen geben wir nicht her, ganz bestimmt nicht.«

»Auch wenn du deswegen Stress mit Meryam bekommst?«, fragte Lilly behutsam. Die beiden stritten derzeit wegen jeder Kleinigkeit, das war ihr nicht entgangen. Heute war es das erste Mal, dass Paul sich in Lillys Gegenwart offen gegen sie stellte.

»Sie wird sich damit arrangieren. Und auf ihre Weise Kapital daraus schlagen ... so ein Talent hat nicht jeder Hof. Ich möchte trotzdem, dass wir vorerst mit niemandem darüber sprechen, okay? Wotan ist ein gekörter Deckhengst, so etwas darf nicht passieren ...«

Noch ein Geheimnis, dass Lilly für sich behalten sollte. Zum Glück hatte sie Zora, der sie alles anvertrauen und erzählen konnte. Wie zwei Freundinnen saßen sie später nebeneinander im Stroh, eng aneinandergekuschelt, und Lilly redete sich alles von der Seele und Zora hatte nur einen Tipp für sie: *Sprich mit Fran!*, pustete sie ihr ins Ohr.

Die Gelegenheit dazu ergab sich schon am nächsten Tag. Fran kam gerade angeradelt, als Lilly mit Zora den Kiesweg entlanggeritten kam. Ohne Sattel und Trense. Sie war nach der Stallarbeit einfach auf ihren Rücken gehüpft. Lilly wusste, dass Fran hier war, um Eve zu besuchen – und um sich zwischendurch heimlich in die Sattelkammer und zu den Pferden zu schleichen.

»Hey, wie geht's dir?«, fragte sie und ihr Herz klopfte wie wild.

»Alles okay.« Fran nickte. Immerhin hatte er angehalten und war nicht einfach weitergefahren. Zora schnaubte freudig, sie hatte ihn wiedererkannt.

»Ich reite aus.«

»Sieht man.«

»Zur Ruine.« Lilly schaute Fran bedeutungsvoll an.

»Dann viel Spaß.« Fran tätschelte Zora den Hals, zupfte an ihrer Mähne herum und gab ihr schließlich einen Nasenstüber und sie ihm. So zärtlich hatte Zora noch nie jemanden außer Lilly begrüßt. Lilly traute ihren Augen kaum, die beiden schmusten richtig miteinander.

»Sie ist wunderschön!«

»Willst du mal auf Zora reiten?« Unbedachte Worte. Sie waren einfach so aus ihr herausgerutscht.

»Was? Spinnst du? Ich reite doch nicht.« Vorbei der Moment. Fran richtete sich auf und schüttelte sich dabei. Rasch sprang er auf sein Rad und fuhr weiter. So schnell, dass sich Zora erschrocken aufbäumte, Lilly konnte sich gerade noch rechtzeitig mit den Beinen festklammern.

»Was war das jetzt?«, fragte sich Lilly und schaute ihm kopfschüttelnd hinterher. »Vor mir muss er sich doch nicht für seine Pferdeliebe schämen? Ich weiß doch Bescheid!«

☆ 18. April

Liebe Ana,

es darf nicht sein und es passiert mir immer
wieder. Geführt von einer fremden Macht wie
an unsicheren Fäden hängend, tue ich Dinge,
die ich hinterher bereue. Wer ist es, der sich
heimlich in die Sattelkammer schleicht und
auf der Weide, gut versteckt hinter einem
Baum, stundenlang Pferde beobachtet? Ich
oder ich? Wer ist das Arschloch, das über
dicke Mädchenbeine lästert und im Fußballverein den Macker raushängen lässt?
Ich oder ich? Wer trägt Spitzen-
strings unter seinen Boxershorts?
Wer lässt mich Glitzerhaarbän-
der befühlen und im Kleiderkauf-
haus heimlich Röcke anprobieren, die nicht
für mich gemacht sind? Ich oder ich?
Ich. Natürlich sind sie für mich gemacht,
ich darf sie nur nicht tragen.
Wer sagt, dass ich sie nicht tragen darf?!
Ich weiß nicht, wie lange ich dieses Doppel-
spiel noch aushalte. Innerlich fühle ich mich
wie ein überdimensionaler Eiterpickel kurz
vorm Aufplatzen. Voller Ekel über mich
selbst, voller angestauter Wut und Emo-
tionen. Ich verrate mich. Ich verrate andere. Ich bin feige, weil ich aufgegeben habe,

statt zu kämpfen. Weil es so anstrengend ist. Weil mir die Puste ausgeht.

Die Glupschauge therapiert mich immer noch wegen Depressionen. Mittlerweile beherrsche ich diese Rolle perfekt. Es ist, als schlüpfte ich jedes Mal in ein anderes Ich, sobald ich in ihren Raum schleiche und mich auf das blaue Sofa fallen lasse. Tränen, Verzweiflung und düstere Gedanken muss ich nicht spielen, das ist alles echt, wenn ich ihr mühsam stockend erzähle. Mit dem Unterschied, dass sie denkt, mein Schicksal ließe mich verzweifeln.

Mutter ist natürlich nicht entgangen, dass meine Klamotten nach Pferden riechen. Sie ahnt was, sie guckt mich argwöhnisch an, will ständig wissen, was ich mache, wo ich bin. Daraufhin habe ich ihr von Eve und dem Waldhof erzählt und wie sehr ihre Community unsere Liebe feiert. Seitdem lässt sie mich in Ruhe, denn natürlich hat sie sofort den Kanal gecheckt und die Folge mit den Herzchen gesehen. Jetzt löchert sie mich mit Fragen. Noch schlimmer: Sie zwingt mir Aufklärungsgespräche auf. Echt jetzt. Die kapiert es nie, oder?

Ich habe seit gestern wieder schlimm Herpes. Ich wundere mich über nichts mehr.

Gestresst, Fran

Alles neu macht der Mai

Noch einer verbreitete im Stall schlechte Laune und das passte so überhaupt nicht zu dem strahlenden Sonnenwetter, das den launischen April abgelöst hatte. Matayo war brennend eifersüchtig auf Fran, der Eve öfter besuchte, als dem Stallburschen lieb war. Hätte er mal genauer hingeschaut, hätte er bemerkt, dass Fran jedes Mal heimlich zu den Pferden schlich. Aber wenn Fran auf dem Holzpferd saß oder andere beim Reiten beobachtete, hatte sich Matayo vor lauter Wut und zu Meryams Freude längst in Arbeit gestürzt, sattelte Frodo, Pippin und Merry, brachte Shakira und Bilbo an die Führmaschine, wickelte Bandagen, fegte die Stallgasse und putzte das Leder.

»Eve und Fran sind ein Paar, sieh es doch endlich ein«, sagte Lilly und meinte damit auch sich selbst, als sich Matayo wieder einmal darüber ausließ, dass dieser Megamacho, der einen auf Ronaldo tat und in Wirklichkeit keine Ahnung hatte, Eve den Kopf verdreht hatte. »Hilf mir lieber, die Stangen zu streichen.« Sie drückte ihm einfach den Pinsel in die Hand.

Lilly war gerade dabei, auf dem Platz hinter der Reithalle Hindernisstangen auf Vordermann zu bringen und den Gerätepark zu sortieren. Sie fragte sich, wie sie jemals Ordnung in das Chaos bringen konnte. Kaum jemand von den anderen Reiter:innen dachte daran, die Ständer und Stangen wieder in ihren Halterungen zu verstauen. Stattdessen lag alles kreuz und quer durcheinander.

»Hast du ihr letztes Video gesehen? Da tanzen sie gemeinsam! Und haben sogar diesen Dopplungsfilter mit Herzchen-Sternchen-Regenbogen eingesetzt.«

»Nö. Interessiert mich nicht. Mich interessiert eher, was aus unserem Turnier wird! Der Reitplatz ist eine einzige Buckelpiste. Und unsere Geräte sind in einem miserablen Zustand. Gut, dass Paul auf so vielen Auswärtsturnieren startet.« Lilly deutete auf eine Reihe abgewetzter Stangen und Halterungen.

»War schon cool gemacht.« Matayo hatte sein Handy hervorgeholt.

»Kann ich mir vorstellen! Weißes Kleid, Blümchen im Haar ... das perfekte Paar für die perfekte Lovestory!« Lillys Magengrube grummelte. War ja klar, dass Eve sich diese Inszenierung nicht entgehen ließ.

»Jetzt pack endlich mal mit an! Sonst werden wir nie fertig. Oder willst du deinen Job nicht behalten?« Lilly wollte Matayo das Handy wegnehmen, doch er war schneller.

»Boah, du hörst dich an wie Meryam! Du kannst mich mal, du hast mir hier gar nichts zu sagen! Außerdem ist das Turnier erst im August.« Matayo pfefferte ihr den Pinsel vor die Füße und marschierte Richtung Weide davon. Dort tummelten sich gerade Ketchup, Bob, Pünktchen und

Zora. Lilly hätte stundenlang zuschauen können, zu süß war das Schauspiel der vier. Pünktchen galoppierte immer wieder zwischen den beiden, forderte Zora heraus, die auf sein Spiel einging und buckelnd vorangaloppierte. Dann trabte er ihr fröhlich hinterher, wobei seine Minischweifrübe wie ein Puschelmikrofon hoch in die Luft ragte. Bob dagegen drehte sich weg, sobald Pünktchen zu ihr wollte. Doch das Fohlen ließ sich nicht entmutigen und versuchte es immer wieder, bis es schließlich ans Euter durfte. Zwischendurch gab es ausgiebiges Geschmuse und gegenseitiges Widerristgeknabber. Ketchup dagegen hielt sich aus allem heraus und beobachtete einfach nur das Geschehen. Zwischendurch zupfte er mit gespitzten Ohren ein paar Grashalme.

Seufzend wandte sich Lilly ab. Es hätte alles so schön sein können. Die Wetterprognosen für die kommenden Wochen standen auf Sonnenschein, doch was nützte das, wenn die Stimmung auf dem Waldhof eisiger war als die Schneetage im Winter. Noch drei Kündigungen mehr hatten sie in den letzten Wochen kassiert. In Gedanken versunken pinselte Lilly weiter, weiße Stangen mit blauen, roten oder grünen Streifen, manchmal auch Punkte. Wie das Blushtutorial von Eve, ging es ihr durch den Sinn. Da hatte sie auch erst die Foundation in Streifen aufgetragen und später Akzente mit der roten Farbe gesetzt. Fast zwanzig Minuten hatte das gedauert! Und hinterher sah sie ganz anders aus. Gar nicht nach Eve. Oder vielleicht doch?

Eve war ihr in den letzten Jahren fremd geworden. Die Eve hinter der Maske kannte sie nicht mehr. Es hatte mal eine Zeit gegeben, da waren sie ein Herz und eine Seele und von früh bis spät mit ihren Ponys unterwegs gewesen. Lilly runzelte die Stirn. Über die Zeit mit der Kutsche sprach man auf dem Waldhof lieber nicht. Auch Lillys Erinnerung war verblasst, und das war gut so. Doch dann war Iris gestorben. Eve hatte diese Allergie bekommen und sich in ihre virtuelle Welt geflüchtet.

Seufzend tauchte Lilly den Pinsel in die rote Farbe. Klar machte das Anmalen Spaß! Und klar waren die Dinge hinterher schöner, strahlender, auffallender. Anders. Aber es wirkte nicht echt, teuer war es noch dazu. Eve erzählte oft genug freimütig davon, dass sie sich all diese Beautyprodukte nicht leisten könnte, wenn sie nicht als Influencerin von den Firmen gesponsert würde. Volle Kanne Chemie war es noch dazu.

Darüber hatten sie gestern Abend wieder einmal gestritten. Lilly hatte Eve vorgeworfen, mit ihren Videos Umweltverschmutzung und Stereotype zu fördern.

»Warum verwendest du nicht wenigstens Naturkosmetik mit natürlichen Inhaltsstoffen? Da gibt es doch auch jede Menge coole Produkte«, hatte sie gefragt und zur Antwort nur ein abschätziges »Ökoschnepfe« erhalten. Das galt Lillys Schafsmilchseife, die sie zum Duschen verwendete.

»Die kann mich mal! Da sind wenigstens keine Farbstoffe oder Parabene drin und erst recht kein Erdöl! Sie wird schon sehen, was sie davon hat. Verstopfte Poren! Pickel und Falten. Oder, was meinst du?« Letzteres war an Zora gerichtet, die ihren neugierigen Kopf zwischen die Farbeimer steckte und sich weiße Strähnchen in der Mähne holte.

»Ja, ja, ich weiß schon, ich könnte mehr aus meinem Typ

machen, dann würde Fran vielleicht auch auf mich aufmerksam ... da kannst du lange warten. Dann wäre ich nicht ich. Ich verändere mein Aussehen doch nicht wegen eines Jungen! Er soll mich bitte so akzeptieren, wie ich bin. Oder es lassen. Gegen eine Beautyqueen wie Eve habe ich sowieso keine Chance.« Energisch pinselte Lilly weiter. Zora hörte ihr geduldig zu, wie immer.

»Zufrieden? Sehen aus wie neu, oder?« Lilly trat einen Schritt zur Seite und begutachtete ihr Werk.

Zora stupste Lilly in die Seite. *Los! Ausreiten!,* sollte das bedeuten.

»Keine Zeit! Später!«, war die Antwort. »Außerdem muss ich gleich beim Füttern helfen. Irgendetwas stimmt mit Wotan nicht, ihm ist das Anweiden wieder einmal nicht bekommen ... entweder frisst der immer zu viel oder zu wenig.«

Müde fuhr sich Lilly mit der Hand übers Gesicht. Manchmal hatte sie bei aller Pferdeliebe das Gefühl, sie müsse sich klonen, um die ganze Arbeit zu schaffen. Jammerte sie deshalb herum wie Eve, die für jede kleine Leistung gleich einen Orden verliehen bekommen wollte? Deren Instagram-Fans ließen sich damit vielleicht beeindrucken, Lillys Pferde fragten nicht danach, ob sie müde war oder Hausaufgaben machen musste. Und sie lobten sie auch nicht, wenn der Stall geputzt oder die Stangen frisch gestrichen waren.

»Hey, die sehen toll aus!«

Überrascht drehte sich Lilly um. Fran stand vor ihr, zaghaft hielt er Zora seine flache Hand hin. Die begrüßte ihn wie einen alten Bekannten und stupste ihn in die Seite.

»Danke! Das war auch eine Menge Arbeit.«

Ob sie es wollte oder nicht, war Lilly rot angelaufen. Mist. Was machte er hier? Warum war er nicht im Haus bei Eve?

»Das ist alles für das Turnier im Sommer, oder? Eve hat davon erzählt und dass Zora dann einen großen Auftritt hat. Ihr seid das perfekte Paar! Ihr werdet glänzen ...« Fran kraulte Zora am Schopf. Wie vertraut wirkte das denn?

»Das hat sie gesagt? Ich glaub's nicht!« Lilly seufzte. »Meryam wird Zora im Dressurviereck präsentieren, nicht ich. Eigentlich habe ich auch Reitverbot. Sie will, dass Zora sich voll und ganz auf sie einlässt, sie reitet ja in einem ganz anderen Stil, den ist Zora nicht gewohnt. So schnell lässt die sich nicht in ein starres Korsett ihrer Regeln pressen. Zora liebt Dressur. Nur nicht, wenn man sie mit Kandare und Sporen dazu zwingt.«

»Verstehe. Äh, nein, davon verstehe ich nichts.« Fran fuhr sich durch die Haare. »Das heißt, du darfst nicht mehr mit ihr ausreiten?«

Lilly nickte. »Es fühlt sich an wie eingesperrt! Das lasse ich mir nicht gefallen, heimlich reite ich trotzdem ...« Lilly senkte die Stimme und Fran kam ein Stück näher, um sie besser zu hören. Kurz berührten sich ihre Köpfe. Zora zauselte ihm unterdessen durch die Haare. Fran lachte, es schien ihm zu gefallen.

Jetzt waren sie sich ganz nah, ihre Wangen berührten sich. Wenn Eve jetzt durch Zufall vorbeikäme, würde sie vermutlich ausflippen vor Eifersucht. Für den Moment gab es nur Fran und Lilly.

»Dann können wir uns ja morgen früh beim Sonnenaufgang an der Ruine treffen.« Er flüsterte es fast. »Wäre das okay für dich?«

»Du meinst …« Lillys Herz tat einen Hüpfer. »Na klar!«

Als Lilly in den Stall kam, voller Glück im Bauch und die Hände bunt, bekam sie erst mal einen Schreck. Wotan schien tatsächlich Verdauungsprobleme zu haben, an After und Hinterbeinen klebte eine übel riechende Flüssigkeit. Kein schöner Anblick.

»Oh, das riecht nach einer Sonderbehandlung.« Schnell holte Lilly Wasser und Schwamm, um ihn zu säubern. Dann gab sie ihm frisches Heu und suchte in der Futterkammer nach der Tiermoorpackung. Seit Jahren behandelten sie auf dem Waldhof Durchfall und Verdauungsprobleme mit extra für Pferde aufbereiteten Moorprodukten. Immer mit Erfolg. Und Kotwasser bei Wotan war kein Grund, solch ein Drama zu machen. Das war in ein paar Tagen Geschichte.

»Bitte keinen Hokuspokus! Willst du Wotan vergiften und uns endgültig ruinieren?« Meryam war unbemerkt hinzugetreten. »Ruf bitte Doktor Grabowski, er soll ihm eine Spritze geben. Am Ende bekommt er noch eine Kolik.«

Wie bitte? Lilly traute ihren Ohren nicht. Normalerweise hielt sich Meryam zur Fütterungszeit nie im Stall auf.

»Du wirst deiner Rolle als böse Stiefmutter immer gerechter!«, rutschte es ihr da heraus. Sonst die Friedenstaube in Person funkelte Lilly Meryam an. »Hier wird niemand vergiftet und Wotan schon gar nicht. Der hat beim Anweiden immer das Problem. Würdest du dich mehr um unsere Pferde kümmern, wüsstest du das.«

145

»Du tust, was ich dir sage!« Meryam machte auf dem Absatz kehrt und lief Richtung Wohnhaus. Wahrscheinlich zu Paul, um sich bei ihm über seine eigensinnige Tochter zu beschweren.

»Du hast mir überhaupt nichts zu sagen! Kein Wunder, dass hier alle abhauen, mit deiner giftigen Art vergraulst du sie alle!«, rief Lilly ihr hinterher, ihr Hals war eng vor Wut. Dann rührte sie das Pulver unter Wotans Futter.

»Was ist los? Hast du wieder Ratten entdeckt?« Frieda kam ihr in der Stallgasse entgegen. Da warf sich ihr Lilly in die Arme und schluchzte.

»Sie ist so gemein! Tut so, als wüsste sie alles über Pferde, dabei hat sie überhaupt keine Ahnung, wie es ihnen wirklich geht. Für sie sind es nur Sportgeräte mit zwei Ohren und vier Hufen. Echt, die ist so was von kalt und herzlos! Wie kann Paul das nur zulassen, ich verstehe das einfach nicht.«

Beruhigend wiegte Frieda sie in ihren Armen. »Schsch, schon gut. Meryam liebt Pferde über alles und will nur das Beste für sie. Für dich, Zora und den Waldhof auch. Ich rede mit ihr.«

»Zora wird sich nie im Leben von ihr auf dem Turnier reiten lassen! Das kannst du vergessen. Sie spürt genau, wie gemein Meryam ist.«

Lilly rückte ein Stück von Frieda ab, wischte sich die Tränen aus dem Gesicht und spuckte aus. Direkt vor Meryams Füße! Ihre Stiefmutter musste die ganze Zeit über vor der Box gestanden und ihnen zugehört haben.

»Ich wusste nicht, dass du mich so sehr hasst.« Meryam stand kreidebleich vor ihr.

»Ich ... du ...«, stammelte Lilly und hielt den Atem an. Würde Meryam sie jetzt endgültig aus dem Stall verbannen, ihr das Einzige wegnehmen, was sie liebte?

Da sagte Meryam etwas, womit Lilly niemals gerechnet hätte: »Du musst Zora nicht zwingen. Du kannst sie selbst reiten. Aber du musst gewinnen.«

Gewinnen, gewinnen, gewinnen. Die Worte hallten den ganzen Abend, die ganze Nacht und auch noch am nächsten Morgen in Lillys Gedanken nach und überdeckten die Vorfreude auf das heimliche Wiedersehen mit Fran. Lilly wusste nicht, ob sie sich über Meryams plötzlichen Sinneswandel freuen sollte oder nicht. Einerseits hieß es, dass sie von nun an Zora wieder für sich alleine hatte und ihrer Lieblingsstute die Qualen der Hohen Dressur samt Meryams Sporen ersparen konnte. Andererseits bedeutete dies, dass sie sich selbst in den Sattel schwingen und auf Zora die entsprechenden Hufschlagfiguren präsentieren musste. Konnte sie die Anforderungen überhaupt erfüllen? Wollte sie das? Das war typisch Meryam, sie wusste genau, dass Lilly die schweren Dressurvorgaben nicht besonders gut kannte. Schließlich ritt sie meistens im Gelände und höchstens mal Shakira im Viereck, die sie langsam an den Halsring gewöhnen wollte. Zora und Passage – das war ewig her. Ganz bestimmt wartete Meryam, dass sich Lilly reumütig bei ihr entschuldigte. Darauf konnte sie lange warten! Lilly würde mit Zora auf dem Turnier starten und alles dafür tun, damit sie siegen würde. Sie wusste nur noch nicht, wie.

Über all das zergrübelte sie sich nun den Kopf, während

sie Richtung Ruine ritt. Es war ein frischer Frühsommer-
morgen, die Vögel schon alle längst wach, es zwitscherte
und tirilierte um sie herum. Zora schüttelte ihre Mähne,
sie schien froh über den morgendlichen Ausflug zu sein.
Zu schlecht war die Stimmung derzeit im Stall, zu anstrengend das kleine Pünktchen, das auf seinen Erkundungs-
touren jetzt immer öfter Anschluss bei Zora suchte.

Mit ausgreifenden Schritten ging es den Waldweg entlang, wie oft schon waren sie hier geritten. Lillys Herz
klopfte, hämmerte mit dem Buntspecht an dem Baum-
stamm um die Wette. Die Sonne schob sich gerade an den
Himmel und tauchte das Blättergrün in ein sanftes Licht.

So früh war sie noch nie bei der Ruine gewesen.

Fran erwartete sie schon, er hatte ein Frühstückspick-
nick vorbereitet.

»Da staunst du, was?«, rief er ihr entgegen und begrüßte zuerst Zora wie eine alte Bekannte, bevor er Lilly die
Hand reichte und ihr vom Pferd half.

»Damit habe ich echt nicht gerechnet!« Lilly nahm Zora
das Halfter ab und verabschiedete sie mit einem zärtlichen
Klaps auf das Hinterteil. Während die beiden es sich auf
der Decke gemütlich machten, blieb sie die ganze Zeit wie
eine Anstandsdame im Hintergrund und knabberte ein
paar Grashalme.

Eine Weile saßen sie schweigend da.

Lilly wusste nicht, was sie sagen sollte, und musterte Fran von der Seite. Er war frisch rasiert, die welligen
Haare nach hinten gegelt und roch unglaublich gut. Wie
der Prinz aus dem Märchen. Und die Prinzessin war Lilly –
nicht Eve!

»Danke!« Sie nahm das Glas Orangensaft entgegen, das Fran ihr eingeschenkt hatte, ihre Hand zitterte nur ein bisschen dabei. Wie aufmerksam er war. Noch nie hatte ein Junge für sie ein Picknick bereitet. Nicht mal Matayo – aber der war ihr bester Freund und in ihre Schwester verknallt. Jetzt saß Lilly hier mit Fran, mit dem Eve zusammen war. Doch sie verspürte kein schlechtes Gewissen, im Gegenteil. Es fühlte sich richtig an, Schulter an Schulter mit Fran an diesem Morgen in der Sonne zu sitzen, die Augen geschlossen zu halten und vor sich hin zu träumen. Nur Zora und die Ruine, an der sie sich zum ersten Mal getroffen hatten, wussten davon. Lange war es her.

»Ich weiß, du wunderst dich ...« Fran angelte nach einem Hörnchen. »Und du hältst mich für das größte Arschloch. Aber das bin ich nicht.«

»Bist du deswegen hier? Um mir das zu erklären? Das musst du nicht. Ich kenne dich. Ich weiß, wie du wirklich bist.«

»Wirklich?« Er schaute sie überrascht an.

Lilly griff nach seiner Hand. Kalt fühlte sie sich an und gleichzeitig als wäre es ihre.

»Mach dir keine Sorgen. Ich verrate schon nichts. Eve nicht und in der Klasse erst recht nicht.«

»Es ist nicht so, wie du denkst ...« Fran seufzte tief. Lilly spürte, dass er ihr etwas erzählen wollte, es drängte aus ihm heraus. Sein gesamter Körper wirkte angespannt und die Augen flackerten unruhig.

»Es ist egal, was ich denke«, warf sie behutsam ein. Jetzt bloß nichts falsch machen, dann würde er wieder schweigen und sie würde nie erfahren, warum er so ein Geheimnis aus seiner Leidenschaft für Pferde machte. Sie lehnte sich zurück, lächelte ihn aufmunternd an. Dabei bebte alles in ihr, am liebsten hätte sie Fran in ihre Arme gezogen und ausgiebig gestreichelt und getröstet, so klein und verletzlich wirkte er, so nah und vertraut.

»Meine Eltern ...«, er stockte abermals. »Also, meine Mutter hat mir das Reiten verboten. Deswegen.« Erleichtert atmete Fran tief aus.

»Ja, und? Viele Eltern wollen das nicht. Zu teuer, zu schmutzig, zu gefährlich. Dabei gibt es nichts Schöneres! Das Glück der Erde ...«

»... liegt auf dem Rücken der Pferde! Ich weiß!«, ergänzte Fran und lächelte. »Sag das mal meiner Mutter. Seit Papas Tod ist sie oberängstlich.«

»Fußball hat sie dir erlaubt?«, rutschte es ihr heraus. Dann erst verstand sie, dass sein Vater erst vor Kurzem gestorben war und wie schlimm das alles für ihn sein musste. Sein Tod. Der Umzug. Da war der Moment auch schon wieder vorbei, etwas Liebes zu sagen.

»Sie meint, das passt besser zu mir.« Er zuckte mit den Schultern. »Ich lasse sie in dem Glauben. Lieber treffe ich mich heimlich mit dir hier. Vielleicht darf ich bald mal auf Zora reiten.« Er schaute sie treuherzig an.

»Verstehe. Klar, kein Problem.« Lilly sprang auf. Da schoss es ihr wie ein Blitz durch den Kopf. »Nur deswegen triffst du dich mit mir?«

»Nein. Das stimmt nicht.« Fran war ebenfalls aufgestanden und legte seine Hände auf ihre Schultern. Wie schmal sie waren. Zaghaft griff er nach einer ihrer Strähnen, spielte mit ihr, dann fasste er sie an den Händen. So viel Nähe.

»Warte, ich habe eine Idee!« Lilly rief Zora heran, streifte ihr das Halfter über und schwang sich auf ihren Rücken. »Komm!« Sie reichte Fran die Hand und zog ihn hinter sich hoch. »Festhalten! Und, wie fühlt sich das an?«

Liebe Ana,

beinahe hätte ich ihr alles erzählt. Mit ihr fühlt sich alles so gut, so richtig an. Sie interessiert sich für mich, hört mir zu. Weiß, wie es sich anfühlt, anders zu sein, nicht dazuzugehören.

Und sie kann schweigen, das ist doch so viel wichtiger. Wie hat Papa immer gesagt: Reden ist Silber, Schweigen ist Gold. Reden kannst du viel! Einfach nebeneinander zu sitzen, die Stille aushalten, ohne Worte zu vermissen, das kannst du nicht mit allen. Sie ist wie ich, nur anders. Wenn ich sie ansehe, ist es, als spiegele ich mich in ihr, und wenn ich ihr ganz nahe komme, ist das, als spürte ich mich selbst.

Ich weiß, was du jetzt sagen willst: Warum redest du nicht offen zu ihr wie mit einer Schwester? Erzählst ihr alles, sagst, was Sache ist, wie es dir geht und warum du allen dieses lächerliche Theater vormachst. Spiel nicht mit ihren Gefühlen!

Sie hat sich in dich verliebt.

Vielleicht. Hoffentlich.

Ich habe mich auch verliebt und es ist so … so grandios! Mich interessiert auch nicht, was andere dazu sagen, ob es richtig ist oder falsch, ob ich darf oder nicht, es ist einfach so. Und was soll diese Zweiteilung in Schwarz und Weiß, es gibt doch dazwischen ganz viele Farben.

Jeder hat ein Recht darauf zu leben und zu lieben, was ist falsch an dem, was ich fühle? Wie kann man Liebe hassen und für falsch erklären? Und es ist doch wohl auch egal, warum etwas passiert. Dinge passieren.

Wie bei diesem Fohlen, das einfach zu ulkig ist und mit seinen wenigen Wochen einen handfesten Charakter hat. Alle prophezeien ihm eine Karriere als Springpferd, dabei schielt es. Und mir will Mutter sagen, wer ich sein soll, wie ich leben soll? Sie kann mich doch nicht einfach umtauschen oder verändern.

Sie ahnt nicht, dass ich heimlich die Hormonblocker weiternehme, es sind nur noch wenige in der Packung, ich brauche bald ein neues Rezept. Ohne ihre Einwilligung bekomme ich es nicht, von der Glupschauge alias Dubsky sowieso nicht. Ich darf gar nicht daran denken. Die Tabletten unterdrücken die Pubertät, sie machen, dass der P kein Eigenleben führt und mir kaum noch Haare im Gesicht wachsen. Und sie verhindern

den Stimmbruch. Das wäre das Schlimms-
te. Eine tiefe Stimme. Die bekomme ich nie
wieder weg.
Du siehst: Es sind nicht die gemeinen Sprü-
che, die mir das Leben schwer machen.
Ironischerweise ist es Mutter.
Es ist zum Verzweifeln.
Drück mir die Daumen.

Untröstlich, Fran

Kuss und Schluss

Mit einem verschmitzten Lächeln saß Lilly im Bus auf dem Weg zur Schule und blinzelte nach draußen in die Sonne. Vorbei das wochenlange Dauernieseln, der Sommer drehte endlich auf. Heute war der erste Schultag nach dem Feiertag, doch die üblichen Bemerkungen und Anspielungen der anderen prallten einfach an ihr ab. Ihr machte das alles nichts aus, denn die Erinnerung an den Ausflug mit Fran überstrahlte alles. Obwohl schon einige Tage her, meinte sie immer noch, seine Hand um ihre Hüften zu spüren, die vertraute Geste, mit der er sich an sie gelehnt hatte, während sie auf Zoras Rücken hinunter zum See getrabt waren ...

Während des Unterrichts saß Lilly da und träumte mit offenen Augen vor sich hin. Als er den Klassenraum betrat, lächelte sie ihm kaum merklich zu und versuchte ansonsten, nicht so oft zu ihm hinüberzuschielen. Was nicht so einfach war, denn sie sah ihn einfach unglaublich gerne an. Seine dunklen Haare schimmerten im Sonnenlicht, sie waren in den letzten Wochen gewachsen und ringelten sich inzwischen in feinen Locken um sein Gesicht. Wie schön er war!

In der Pause lästerten dann Yunus und die anderen lautstark über Fran. Auch wenn Lilly mit ihren Gedanken woanders war: Die fiesen Sprüche waren nicht zu überhören.

»Er spielt wie ein Mädchen!«, meinte Yunus.

»Hey, komm, ich kenne Mädchen, die können richtig gut kicken«, warf Leon ein. »Und ›Mädchen‹ ist kein Schimpfwort!«

»Klar Mann, aber der hat zwei linke Füße. Keine Ahnung, warum er ausgestattet ist wie ein Profispieler. Voll der Angeber und nix auf dem Kasten.«

»Er hat doch vorher auch in einem Verein gespielt?«, wunderte sich Mika. »Da kann er doch so schlecht nicht gewesen sein.«

»Keine Ahnung. Ich lass mir auf alle Fälle von einem wie dem nicht das Spiel verderben. Wenn unsere Trainerin den wieder ins vordere Mittelfeld stellt … da hat er echt nichts zu suchen.« Yunus seufzte tief und Lilly musste insgeheim grinsen. Ihr Klassenkamerad war ein echter Fußballfreak und spielte seit Jahren immer in der ersten Mannschaft. Jeden Montag saßen die Jungs beisammen und fachsimpelten über die Spiele vom vergangenen Wochenende. So laut und intensiv, dass sie meinte, selbst dabei gewesen zu sein. Und jetzt hatten sie Fran auf dem Kieker, der ihrer Meinung nach nicht gut genug war. Kein Wunder! Fußball interessierte ihn ja nicht wirklich, hatte er gesagt, er ging da nur seiner Mutter zuliebe hin. Und um Anschluss in der neuen Stadt zu finden.

»Der ist genauso seltsam wie du!«, rief Yunus jetzt zu

Lilly hinüber. Die zuckte ertappt zusammen, tat dann aber so, als hätte sie nichts gehört. Wenn er wüsste, dass Fran heimlich zum Reiten auf den Waldhof kam, käme er aus dem Lästern überhaupt nicht mehr raus.

»Was ist an Reiten seltsam? Hast du es überhaupt schon mal ausprobiert?«, fragte sie rundheraus.

»What?« Yunus schaute sie feixend an. »Unsere Amazone fragt, ob ich reiten will?! Echt jetzt?« Leon und Mika prusteten los.

»Ich meine es ernst. Vielleicht verstehst du dann endlich, warum ich es so liebe. So, wie du deinen Fußball liebst.« So schnell ließ sich Lilly nicht aus der Fassung bringen. Das hatte sie in all den Monaten gelernt. Ruhig bleiben. Ignorieren. Und wenn's zu schlimm wurde: einfach weggehen. Aber diesmal wollte sie es wissen. Wenn sich etwas ändern sollte, musste sie sich endlich den Diskussionen stellen.

Yunus dachte eine Weile nach, bevor er nickte. »Weißt du, vielleicht würde ich ja echt gerne mal reiten und vielleicht sind deine Pferde echt toll und großartig und stinken noch nicht einmal. Was mich wirklich stört, ist dieses Getue. Du weißt schon, Pferdemädchen mit ihrem ›Ach wie süß‹ und ›schau mal, wie goldig‹ und alles ganz glitzrig und in Rosa. Die können es einem echt verderben. Verstehst du, was ich meine?«

Lilly prustete los. »O ja, das weiß ich ganz genau! Und dann übersprühen sie mit Duftspray den Stallgeruch, tragen die neusten Reitklamotten und haben von Pferdehaltung keine Ahnung.«

»Genau.«

»Es sind nicht alle so.« Lilly seufzte. »Vergiss deine Vorurteile, Fußballer sind ja auch nicht alle gleich so typische Kickspechte mit einem 11-Freunde-Abo, oder?«

»Ich weiß nicht.« Das kam von Leon. »Was ich mich immer frage: Warum eigentlich stehen alle Mädchen auf Pferde?«

»Und warum wollen alle Jungs Fußball spielen?«, konterte Lilly. Da war sie, diese Diskussion über Klischees und Vorurteile. Mädchen oder Junge. Pferde oder Fußball. Schwarz oder weiß. Entweder. Oder. Und kein Dazwischen.

»Bei mir war es mein Vater«, kam es prompt von Yunus. »Der hat mit mir von klein auf gekickt und mich später im Verein angemeldet.«

»Bei mir auch«, meinte Lilly und schaute ihn herausfordernd an. »Ich habe mit drei Jahren mein erstes Pony gehabt! Und mit meiner Mutter bin ich geritten *und* habe Fußball gespielt.«

»Du bist ja auch kein typisches Mädchen«, rutschte es Leon heraus.

»Ach ja? Und was ist bitte ein richtiges Mädchen?«

»Eine, die sich schminkt.«

»Haha. Oberflächlicher geht's wohl nicht!«

»Guck dich doch an! Du trägst ständig diese Oversized-Klamotten, lange wirre Haare und noch nicht einmal Wimperntusche. Selbst Billie Eilish ist gestylter.« Leon zuckte mit den Schultern und Yunus grinste.

»Dafür ist Eve bei uns zuständig ... Was das alles mit meinem Aussehen zu tun hat, musst du mir mal erklären.« Lilly verschränkte die Arme. Wie konnte sie den beiden klarmachen, dass sie sich eindeutig als Mädchen fühlte. Auch wenn sie keine glatten, langen Haare hatte wie alle anderen in ihrer Klasse.

Yunus druckste herum. »Ist gar nicht so einfach. Ich finde dich ganz okay ... dieses ewige Getue der Mädchen geht mir manchmal auf den Geist. ›Wie findest du meine Haare? Sitzt meine Hose zu knapp? Magst du mein Shirt?‹ Und dann, egal, was du sagst, sind sie immer beleidigt, weil die Antwort die falsche ist.«

»Genau«, stimmte Leon ihm zu und grinste frech. »Bei dir ist das ganz anders. Du trägst erst gar keine knappen Hosen. Schade eigentlich.«

»Nee, auf mir hackt ihr nur rum und lästert ständig über mich.« Lilly streckte ihm die Zunge raus und straffte die Schultern. Für einen Moment hatte sie sich der Illusion hingegeben, die beiden wären an einem ernsthaften Gespräch mit ihr interessiert. Leon war und blieb ein Blödmann. Und Yunus schien nun plötzlich selbst zu merken, wie viel er der Außenseiterin Lilly gerade über sich verraten hatte. Verstohlen schaute er sich um, ob jemand die Szene beobachtet hatte.

»Fran ist cool! Irgendwie auch anders ...«, kam Leon wieder auf ihr Thema zurück.

»Wie meinst du das?« Lilly zuckte alarmiert zusammen.

»Kann ich gar nicht so genau sagen. Ist nur so ein Gefühl.«

»Du und Gefühl?« Sie schaute ihn verwundert an.

Yunus prustete los. Dann entdeckte er Miranda am anderen Ende des Pausenhofs und zog Leon mit sich, ohne sich von Lilly zu verabschieden.

Nachdenklich blieb Lilly auf der Mauer sitzen, nachdem die Jungs abgezogen waren. Fran tat ihr leid, er hatte ihr ja erzählt, dass er lieber reiten gehen würde als in den Verein zum Fußballspielen. Zum Glück schienen ihm all diese Sprüche nichts auszumachen. Im Gegenteil. Er flirtete mit Miranda und Isabel, hielt Frau Blümermann galant die Tür auf und tat so, als bekäme er von alldem nichts mit. Dafür lief Fran jetzt Arm in Arm mit Eve an ihr vorbei. Lilly spürte einen fiesen Stich in ihrer Bauchgrube, erst recht, als sich Eve zu ihr umdrehte und die Zunge rausstreckte. War Fran wirklich so oberflächlich, dass er sich von Eves makellosem Aussehen angezogen fühlte? Seit dem Picknick im Wald war sich Lilly sicher, dass Fran etwas für sie empfand, etwas, das tiefer ging als ein pickelfreies Gesicht. Sie würde ihm schon noch klarmachen, dass sie besser zu ihm passte als Eve. So bald wie möglich wollte sie ihn wieder bei der Ruine treffen.

Schule war definitiv der falsche Ort für Lilly, die Menschen hier gehörten nicht zu ihrer Welt. Zum wiederholten Male rechnete sie nach, wie lange sie sich noch mit Mathe, Englisch, Physik und dem ganzen Quatsch herumplagen musste. Mit einem Abschluss in der Tasche könnte sie die Ausbildung beginnen, wäre von morgens bis abends nur noch von Pferden umgeben und müsste sich nicht mehr mit Idioten wie Yunus und Leon auseinandersetzen.

»Es stimmt ja, was die beiden sagen«, murmelte sie vor sich hin, während sie in ihren Pausenapfel biss. »Wir haben uns so daran gewöhnt, die Welt in Rosa und Blau einzuteilen, in Glitzer und Cool, in Mädchen und Junge, dass wir überhaupt nicht mehr an das Dazwischen denken. Die Welt ist bunt. Vielbunt.«

Später im Stall wurde sie wieder daran erinnert. Matayo hatte sich am Morgen krankgemeldet, weshalb Meryam am Anbindeplatz mit dem Fliegenspray hantierte und versuchte, Frodo einzusprühen. Es zischte und knackte, kein Wunder, dass er scheute.

»Jetzt stell dich doch nicht so an!«, schimpfte Meryam und riss energisch am Strick, als könne sie ihn dazu zwingen still zu stehen.

»Was sagst du da? Du kannst Frodo doch nicht einfach mit dem Spray deinen Willen aufdrücken!« Alarmiert trat Lilly näher und machte Frodos Führstrick los.

»Frodo ist und bleibt eine Zicke, eine Diva, eine Tussi«, schimpfte Meryam weiter. »Hier, bitte, versuche dein Glück!« Sie drückte Lilly die Spraydose in die Hand.

»Geht's noch! Frodo hat Angst, mehr nicht. Pferde lernen nicht mit Druck, sondern durch das Wegnehmen von Druck.« Ohne weiter auf Meryams einsetzende Schnappatmung einzugehen, trat Lilly ein Stück zurück und sprühte in die Luft. Frodo zuckte zusammen, schnaubte, blieb dann irgendwann einfach stehen, als er merkte, dass ihm nichts passierte. Sofort hörte Lilly mit dem Sprühen auf.

»Gut so«, murmelte sie. Meryam hatte sich mittlerweile verzogen, sie hatte für solche Pferde-Psycho-Spielchen, wie sie sich bei anderer Gelegenheit gerne ausdrückte, keinen Sinn. Lilly trat einen Schritt näher und drückte erneut auf den Sprühknopf. Wieder schreckte Frodo zurück und als er sich beruhigte, hörte Lilly just in diesem Moment wieder auf. So ging es eine Weile, bis Frodo gelernt hatte: Wenn ich stehen bleibe, passiert mir nichts. Lilly behielt unterdessen genau seine Körperspannung im Blick, ihr entging kein Blinzeln, jedes Schnauben war ein Zeichen dafür, dass er sich langsam, aber sicher mit der Situation anfreundete. Irgendwann waren sie dann tatsächlich so weit, dass Frodo neugierig die Sprühdose beschnupperte und sich anschließend von Kopf bis Fuß einnebeln ließ.

»Na siehst du, mein Guter!« Lilly klopfte ihm zufrieden den Hals. »All die Aufregung umsonst. Komm, gehen wir ein Stück spazieren ...«

Sie wollte sich gerade neben Frodo auf die Wiese setzen, als ein *Pling!* ihres Handys ein neues Video von Eve ankündigte.

»Hallo, ihr Lieben«, strahlte ihr eine perfekt geschminkte Eve entgegen. *Shiny Glow und Beautyfails* waren das heutige Thema. Ertappt befühlte Lilly ihre Stirn, klar hatte sie da wie alle ein paar Pickel und sich im Winter einen Pony geschnitten, weil sie mal ausprobieren wollte, wie das bei ihr aussah. Ein No-Go, wie Eve beschied, ebenso eine falsche Foundation, die die Haut *crusty and cakey* statt *glowy* wirken ließ.

»Ich habe jahrelang meinen Concealer falsch aufgetragen«, erklärte Eve. »Krasse Altersaugenfalten waren die Folge. Ihr müsst das so machen ...«

Ob sie es zugeben mochte oder nicht, Lilly schaute sich Eves Videos gerne an. Denn sie waren superprofessionell gemacht und man bekam sofort Lust, auch so hübsch auszusehen wie sie. Oder den totalen Frust, weil man all die Schönheitsideale nicht erfüllen konnte.

»Du wirst wenigstens nicht wegen deiner Augenbrau-
en gemobbt«, meinte Lilly scherzend und klopfte Frodo
den Hals. Auch das ein Beautyfail, den Eve jetzt genüsslich ausbreitete. Ganz klar eine Anspielung auf Lillys bu-
schige Brauen, die sie weder zupfte noch in Form strich.
Erst heute Morgen hatten sich Miranda und die anderen
darüber lustig gemacht, dass sie aussähe wie Bert aus der
Sesamstraße.

»Die kann mich mal. Was kann ich denn dafür, dass
meine Augenbrauen kreuz und quer wachsen und super-
komisch aussehen«, meinte Lilly empört und steckte ihr
Handy weg. »Hast du vielleicht ein paar Tipps für mich?«
Sie fuhr dem Wallach zärtlich über die Nüstern und musste insgeheim dann doch kichern. Schließlich war Frodo
die ungekrönte Beautyqueen des Stalls, dem die Pferdemädchen Blümchen in die Mähne flochten und die Hufe
lackierten.

»Ich setze mich doch nicht hin und verwende Haarspray
für meine Augenbrauen, dann hätte ich ja überhaupt keine Zeit mehr für euch«, schimpfte sie vor sich hin. »Apropos, komm, wir müssen zurück.«

Lilly schüttelte sich, wie um die Schönheitsallüren los-
zuwerden. Ob sie es wollte oder nicht, fühlte sie sich von
Eve unter Druck gesetzt. Dieses ständige Reden über ge-
pflegte, lange blonde Haare, reine Haut und das richtige
Make-up machte etwas mit ihr. Oder dieser Zwang, in
XXS-Jeans zu passen und einen trainierten Body zu haben.
Lilly ertappte sich immer öfter dabei, dass sie sich unwohl
und unzufrieden mit sich und ihrem Körper fühlte.

Auf halbem Weg zurück zum Stall blieb Lilly wie ange-

wurzelt stehen. Fran und Eve standen Arm in Arm drüben beim Haus. Fran lächelte schief und Eve strahlte über
das ganze Gesicht. Sie war nur ein paar Zentimeter größer
als Fran, dennoch wirkte es so, als würde sie ihn voll und
ganz vereinnahmen. Ganz dicht beieinander standen sie.
Lilly hielt den Atem an. Als die beiden sich dann küssten,
musste sie mit eigenen Augen ansehen, was längst alle
wussten. Endlich verstand sie. Endlich hatte sie Klarheit.

Liebe Ana,

ich habe es getan. Ich habe Eve geküsst. Vor den Augen der anderen. Damit alle glauben, wir wären ein Paar. Es fühlte sich  richtig und falsch an zugleich. Ich wusste gar nicht, dass Lippen so weich sein können, das hat mich neugierig gemacht, ich würde am liebsten öfters küssen. Aber eine andere. Ich mag Eve sehr, ihre seidenweichen Haare und die helle Haut. Neulich hat sie mich geschminkt! Puder, Nagellack, Lippenstift. So schön! Ich war so glücklich, das glaubst du nicht. Tief in mir hat sich alles so richtig angefühlt. Mag ja sein, dass dieser Beauty-quatsch übertrieben ist, aber für mich bedeuten Wimperntusche und Lipgloss alles! Was gäbe ich darum, so in die Schule gehen zu dürfen. Mutter würde ausrasten. Also schminke ich mich heimlich, wieder einmal, mit Eves Hilfe sieht das richtig toll aus. Ich schwöre, wenn du nicht meine Schwester wärest, würdest du dich glatt in mich verlieben!
Eve ist in den Stalltypen verknallt, hat sie mir anvertraut, sie will ihn eifersüchtig ma-

chen, damit er sich endlich mal für sie interessiert. Das tut er längst, wenn du mich fragst, da müsste sie überhaupt nicht dieses alberne Spielchen treiben, von dem sie denkt, es würde funktionieren.

Sie müsste einfach nur zu ihm in den Stall gehen. Er wartet nur darauf. Keine Ahnung, warum sie sich weigert, da muss irgendwann etwas Schreckliches vorgefallen sein, sie hat so Andeutungen gemacht. Aber sie will nicht darüber reden.

Niemand hat es gerade leicht, was?

Ratlos, Fran

Eine Wahrheit ist die andere

Also war es wahr. Fran wollte mit Eve zusammen sein, nicht mit Lilly. Was sollte dann all sein Gerede über Freundschaft und Ehrlichkeit, wenn er in Wahrheit auf Mädchen wie Eve stand!

Lilly lag bei Zora in der Box und weinte sich die Seele aus dem Leib. Der Kokon aus warmem Stroh war der einzige tröstliche Ort auf der Welt. Umhüllt von dem zufriedenen Malmen der Pferde, spürte sie Zoras weichen Atem in ihrem Gesicht und konnte sich dennoch nicht beruhigen. Wie sehr hatte sie sich in Fran getäuscht! Keine Ahnung, was sie erwartet hatte, bestimmt hatte sie nicht von Küssen und Knutschen geträumt. Lilly hatte überhaupt keine Vorstellung davon, was es heißen sollte, einen festen Freund zu haben. Sie fühlte sich zu Fran hingezogen, war gerne in seiner Nähe und wollte einfach alles über ihn wissen, so einfach war das, so kompliziert war das. Denn wenn er sich überhaupt nicht für sie, sondern nur für die Pferde interessierte, blieb diese unerfüllte Sehnsucht im Herzen, dieses schmerzhafte Loch, das sich niemals schließen würde. Der Wunsch, gesehen und geliebt zu werden, verstanden, umarmt und gehalten.

»Du bist die Einzige, die mich versteht«, schniefte Lilly und kuschelte sich noch dichter an Zora, die sich jetzt neben sie gelegt hatte. Die lange Mähne verbarg sie wie ein schützender Vorhang, wärmte sie und ließ sie für einen Moment vergessen, wie alleine sie war.

Lilly wusste nicht, ob sie traurig oder wütend sein sollte. Traurig, weil sie so tief von Frans Verhalten enttäuscht war, dass es schmerzte. Oder wütend, weil Fran ihr in jener Nacht an der Ruine etwas ganz anderes vorgemacht hatte.

»So ein blödes Spiel.« Lilly strich sich die wirren Haare aus der Stirn. »Und ich fall auch noch drauf rein. Es ist und bleibt eine megaoberflächliche Welt! Alles shinyshiny und blinkblink, da bin ich raus. Echtes Leben, echte Gefühle sind doch hier, bei dir, bei euch ...« Der Rest ging in einem lauten Schluchzen unter, sodass Zora aufschreckte. Frodo nebenan schaute mitfühlend durch die Gitterstäbe herüber. Pünktchen kam sofort angetrabt und küsste Lilly ins Haar.

»Wenn ich euch nicht hätte ...« Dankbar schlang Lilly ihre Arme um Pünktchen. »Matayo weiß schon, warum er sich krankgemeldet hat. Er kann dieses falsche Getue von Eve auch nicht ab, dafür ist er einfach viel zu ehrlich! Ich kenne ihn doch. Vor lauter Liebeskummer kann er nicht arbeiten.«

Lilly seufzte. Selten hatte sie sich so allein gefühlt. Was blieb ihr anderes übrig, als gemeinsam mit Frieda Tag und Nacht zu ackern. Trotzdem blieb noch viel zu viel liegen. Und den kaputten Zaun hinten bei den Jährlingen hatte auch noch niemand repariert. Matayo fehlte an allen Ecken und Enden.

»Hey, was ist los?«

Überrascht blickte Lilly auf, direkt in Frans Gesicht.

»Was machst du hier?« Schnell wischte sie sich die Tränen aus den Augen. Er sollte bloß nichts merken.

»Dich suchen.« Wie selbstverständlich setzte er sich neben Zora ins Stroh. Die legte vertrauensvoll ihren Kopf in seinen Schoß, die olle Verräterin schnaubte sogar zufrieden.

»Dachte, du wärest bei Eve …«, rutschte es Lilly heraus.

»Jetzt bin ich hier.« Er lächelte lieb und ob sie es wollte oder nicht, fühlte Lilly wieder einen Funken Hoffnung. Und was willst du hier?, fragte sie – nicht. Stattdessen saß sie schweigend da, spielte mit Zoras langer Mähne.

»Erzähl mir von Pünktchen, wie geht es ihm?«, fragte er.

»Woher weißt du von Pünktchen? Doch nicht etwa von Eve?« Verwundert schaute Lilly ihn an.

»Wird wohl so sein.« Fran zuckte mit den Schultern.

»Der Kleine entwickelt sich prächtig! Und Bob ist die beste Mutter, die man sich vorstellen kann. Geduldig, liebevoll und ganz schön streng, wenn es sein muss. Erst gestern hat sie ihn ordentlich gezwickt, als er nicht aufgehört hat, um sie herumzuflitzen.«

Bei der Erinnerung an die Szene auf der Weide, von der sie jetzt Fran erzählte, musste Lilly lächeln. Pünktchen war außer Rand und Band gewesen, ständig von der einen Ecke in die andere galoppiert und hatte dabei sämtliche Pferde aufgescheucht, die eigentlich nur in Ruhe grasen wollten. Immer wieder wollte er mit Bob spielen, aber Bob hatte keine Lust gehabt und ihm schließlich mit einem energischen Huftritt die Grenze gezeigt. Daraufhin war Pünktchen steif wie ein Reiterdenkmal mitten auf der Weide stehen geblieben und auch am Abend nicht zu bewegen gewesen, mit in den Stall zu kommen. Meryam war ausgeflippt, als sie davon hörte, Frieda hatte nur breit gegrinst und Bob war seelenruhig in ihre Box getrabt. Normalerweise ließen Mütter ihre Kinder nicht zurück. Auf dem Waldhof war es anders.

»Hier müssen Söhne und Töchter zusehen, wie sie allein, ohne ihre Mütter klarkommen«, meinte Lilly und zuckte mit den Schultern. »Hat sich in den letzten Jahren so ergeben.«

»Kommt mir bekannt vor. Mir geht es ähnlich!« Fran verzog schmerzhaft sein Gesicht. Wie weich er auf einmal wirkte, keine Spur mehr vom draufgängerischen Fran, der den Macker mimte. Die ganze Zeit über streichelte er Zoras Schopf, kraulte ihre Ohren. Die Stute hielt die Augen geschlossen. Lilly konnte sich nur wundern. So entspannt war Zora sonst in Anwesenheit Fremder nie. Gleichzeitig konnte sie sie gut verstehen. Seit Fran die Box betreten hatte, fühlte sie sich auf besondere Weise leicht und ruhig. Wie gerne würde sie mit Zora tauschen, wie gerne wäre sie von ihm berührt worden. Wie von selbst hatten ihre Hände angefangen, Zora ebenfalls zu streicheln. Als sich ihre Fingerspitzen trafen, hielten sie kurz inne, lächelten sich zu – und machten einfach weiter.

»Das tut mir leid …«

»Ich habe mich daran gewöhnt und ich werde mich nie daran gewöhnen«, brach es aus Fran heraus. »Und ich weiß nicht, was schlimmer ist: dass Eltern sterben. Oder dass meine Mutter mir ihre traditionellen Ansichten aufzwingen will. Oder dass mein Vater nicht mehr für mich kämpfen kann und mich mit allem alleine gelassen hat.«

Betroffen hielt Lilly inne, er hatte ja neulich schon davon erzählt. »Das klingt ja schlimm. Bist du deswegen …«

»Umgezogen? Nein. Ja, vielleicht. Ich weiß es nicht. Mutter wollte nach Papas Tod ein neues Leben anfangen. Mich hat sie nicht gefragt. Sie ist der Meinung, dass mir eine Veränderung ebenfalls guttut. In meiner alten Schule ist viel Scheiße vorgefallen, musst du wissen.«

»Du wurdest gemobbt …« Plötzlich fiel es ihr wie Schuppen von den Augen. Deswegen hatte er kein Handy. Deswegen all diese Aktionen, sich anzupassen und zu integrieren.

»Du hast es erfasst. Es war eine furchtbare Zeit. Ohne meine Schwester hätte ich das alles nicht geschafft. Sie hat ein Stipendium in Buenos Aires … sie fehlt mir sehr.« Fran schwieg. Er schien nicht weiter darüber reden zu wollen, denn er wechselte wieder das Thema: »Steht Pünktchen eigentlich immer noch auf der Weide?«

»Ach was!« Lilly grinste. »Der ist irgendwann in den Stall marschiert und hat so getan, als sei nix gewesen. Hat erst bei Zora geschnuppert, die ihm die Hinterhufe gezeigt hat, dann ausgiebig mit seinem Papa Wotan geschmust und ist schließlich bei Bob in der Box verschwunden, die ihn fröhlich begrüßt hat. Wer könnte ihm schon böse sein, Pünktchen ist einfach etwas Besonderes!« Lilly lächelte bei der Erinnerung. Vater und Sohn hatten ein besonderes Verhältnis entwickelt, auf einem Gestüt eher unüblich.

Der Hengst lebte hier von den Stuten getrennt und um die Fohlen zu schützen, hielt man sie auch von Wotan fern.

Pünktchen war eines Tages bei einem seiner Streifzüge zu Wotan auf die Weide geraten, niemand wusste genau, wie er das angestellt hatte.

Selbst Meryam hielt seitdem für eine Weile inne und schaute verzückt zu, wenn die beiden umhergaloppierten und sich gegenseitig umspielten. Es schien, als buckelten Wotan und Pünktchen um die Wette, einer hatte mehr Übermut im Kopf als der andere und niemals ging ihnen die Puste aus.

»Pünktchen ist anders als die anderen Fohlen, die ihr hier so habt, oder?«

»Wie kommst du darauf? Weil es ein Shetlandpony zur Amme hat? Pünktchen sieht aus und verhält sich so wie ein ganz normales Fohlen.«

»Und was ist ein normales Fohlen?« Fran verzog sein Gesicht. »Sorry, das ist mir so rausgerutscht. Mit diesem Normalsein habe ich so meine Probleme ...«

»Wieso findest du dann Pünktchen unnormal?«

»Das habe ich nicht gesagt!«, verteidigte sich Fran. »Es wirkt auf mich ... so besonders. Eigen.«

»Sind wir das nicht alle?« Lilly seufzte. »Schau mich an. Mich haben sie auch zur Außenseiterin erklärt. Verstehe einer, warum. Nur, weil ich lieber Reitstiefel statt Sneaker trage und es mir egal ist, ob mein Teint Pickel hat oder nicht ...«

»... oder deine langen blonden Haare fettig sind ...« Fran grinste. Er griff nach einer ihrer Strähnen und spielte damit. »Ich mag deine Haare ... ich mag dich.«

»Danke.« Lilly grinste zurück, hoffte, dass er das glückselige Gluckern in ihrem Bauch nicht hörte.

»Du bist auch anders.« Sie sagte es ganz leise.

Fran nickte. Er schaute sie lange an, so, als müsse er darüber nachdenken, ob er jetzt weitersprechen wollte oder nicht. Doch er schwieg.

»Als ob es etwas ausmachen würde.« Lilly holte tief Luft und dann erzählte sie Fran davon, wie sie darüber dachte. Sie hatte sich nie großartig Gedanken darüber gemacht, woher jemand kam, wie er aussah oder welche Hautfarbe er hatte, Glaube, Geschlecht, Herkunft, was sagte das schon aus? Für Lilly zählte die Liebe zu den Pferden und wie die Menschen in ihrem Umfeld mit ihren geliebten Vierbeinern umgingen. Nur darauf kam es an.

Klar gab es immer mal wieder gehässige Bemerkungen seitens der Reiter:innen, die auf dem Hof ein und aus gingen, manchmal auch in Bezug auf Matayo oder Frieda. Doch damit waren sie auf dem Hof an der falschen Adresse. Da hatte der- oder diejenige am nächsten Tag ohne Wenn und Aber die Kündigung im Briefkasten. Zum Unverständnis von Meryam, die der Meinung war, das sei doch alles nicht so schlimm und man müsse ja auch mal Dinge sagen dürfen, das wäre ja alles nicht so gemeint.

»Manche Dinge darf man eben *nicht* sagen«, verteidigte Paul seine Meinung und Lilly war ihm dankbar dafür. »Und dazu gehören diskriminierende, rassistische, antisemitische und sexistische Statements. Punkt.«

»So war mein Papa auch … du hast echt Glück! Und mit Zora auch.« Fran grinste sein unwiderstehliches Frangrinsen und gab der Stute einen Nasenstüber. Die küsste ihn – Lilly traute ihren Augen kaum – zurück.

»Paul würde am liebsten Zora verkaufen!«

»Was? Das darf niemals passieren!«

»Keine Sorge. Auf Zora ruht *alle* Hoffnung. Ich soll sie beim großen Turnier zum Sieg reiten. Für Ruhm und Ehre. Und natürlich für ein bisschen Geld.« Lilly schüttelte sich bei der Vorstellung, wie sie mit weißer Bluse und Plastron im Dressurviereck auftreten sollte. Den Gedanken daran hatte sie bisher erfolgreich verdrängt, auch wenn der Termin unweigerlich näher rückte.

»Dann ist ja gut!« Wieder verfiel Fran in endloses Schweigen. Längst hatte sich die Dunkelheit über den Stall gelegt, nur schemenhaft waren die Umrisse von Merry, Pippin und den anderen zu erkennen. Lilly spürte, wie sich ihr Herzklopfen beruhigte. Nirgends war es so friedlich wie hier. Das war ihr Zuhause. Hier bei Zora, gemeinsam mit Fran.

»Pünktchen schielt. Das kommt ganz selten vor bei Pferden«, sprach Lilly unvermittelt in die Dunkelheit hinein. »Du hast dich also nicht getäuscht. Sie möchten nicht, dass das jemand erfährt.«

Lilly spürte, dass Fran in der Dunkelheit nickte.

»Kein Wunder. So etwas ist ja auch wirklich ein Skandal.« Die Ironie in seiner Stimme ließ sie aufhorchen.

»Es geht um mehr. Wenn das rauskommt, steht Wotans Existenz als Deckhengst und damit die unseres Zuchtbetriebes auf dem Spiel. Gigi haben sie letzte Woche verkauft, dabei hatten wir alle solch große Hoffnung in sie gesetzt … als Zuchtstute kam sie nicht mehr infrage. Sie

174

hat ihr Fohlen verstoßen, diese Eigenschaften gibt man nicht weiter.«

»Soll ja vorkommen, dass Mütter ihre Kinder ablehnen.«

Wieder klang seine Stimme bitter, verletzt. Und ohne seine Geschichte zu kennen, verstand Lilly sofort.

»Oder sie sterben einfach«, antwortete sie tonlos.

»Es sollte ein Sterbeverbot für Eltern geben«, meinte Fran sarkastisch. Über Zoras Schopf hinweg spürte Lilly seine Traurigkeit.

»Paul hat sich längst getröstet«, flüsterte sie.

»Meryam.« Es war mehr eine Aussage als eine Frage.

»Spar dir deine Kommentare. Sie ist furchtbar. Wie die böse Stiefmutter aus dem Märchen! Das Einzige, was sie interessiert, ist das Geld und der Hof von meinem Vater. Kaum, dass meine Mutter unter der Erde war, hat sie sich an ihn herangemacht. Sie war ja schon lange Bereiterin bei uns ...«

»Das ist mir jetzt zu viel Klischee!«

»Mag sein. Aber so ist es. Ich verstehe mich nicht mit ihr.« Lilly zuckte mit den Schultern. »Ich will es auch gar nicht ...«

Wieder schwiegen sie. Das Malmen der Pferde war mittlerweile verstummt, dafür hörte man jetzt draußen den Wind an der Stalltür rütteln. *Hoffentlich hält die Plane über den Heurollen,* dachte Lilly. Aufgrund der Wettervorhersage für morgen hatten sie vorhin noch die Lieferung abgedeckt, doch offensichtlich war das Unwetter schneller heraufgezogen.

»Klischees sind für Menschen, die das andere nicht respektieren. Die Einteilung in Schubladen macht das Leben einfacher«, meinte Fran. Es klang sehr weise und offensichtlich meinte er es auch so. Lilly musste eine Weile darüber nachdenken.

»Du meinst, ich soll niemanden dafür verurteilen, dass es passiert ist?«

»Genau. Kann doch niemand etwas dafür, oder? Wenn dein Vater sich nun mal in Meryam verliebt hat und sie sich in ihn ... das hat mit deiner Mutter doch nichts zu tun. Das hätte auch passieren können, wenn sie nicht gestorben wäre.«

»Hätte, hätte, Fahrradkette. Hat es aber nun mal nicht.« Lilly schnappte nach Luft. Sie wollte nicht verstehen, was nicht zu verstehen war. »Mama hätte uns nie im Leben im Stich gelassen. So was kommt nur bei überzüchteten Stuten wie Gigi vor.«

»Wo ist denn der Unterschied zwischen den Muttergefühlen eines Tieres und denen eines Menschen?« Fran flüsterte die folgenden Worte und da verstand Lilly endlich, was er ihr die ganze Zeit über sagen wollte. »Wer entscheidet darüber, was richtig und was falsch ist? Was es bedeutet, eine ›gute‹ Mutter zu sein oder ein ›echtes‹ Mädchen? Und gibt es nicht auch noch mehr als diese zwei Perspektiven? Wer teilt die Menschen ein in Vater, Mutter, Mann, Frau, Junge, Mädchen?«

Beim letzten Wort kippte Frans Stimme. Draußen tobte der Sturm um den Stall, man hörte die Äste der alten Kastanie gegen das Dach schlagen. In Lilly herrschte plötzlich unglaubliche Ruhe, eine befreiende Klarheit. Sie dachte an Frans heimliche Besuche im Stall, wo er fremde Reithosen und Glitzerstirnbänder anprobiert hatte. Seine angebliche

Fußballleidenschaft und diese überzogenen Sprüche. All die Andeutungen zwischen den Zeilen. Plötzlich verstand sie, was Fran ihr sagen wollte.

»Seit wann weißt du es?«

»Seit ich denken kann.«

Sie lagen Schulter an Schulter an Zora gekuschelt, die entspannt im Stroh döste und trotzdem das Gespräch der beiden genau zu verfolgen schien.

»Und ... woher weißt du, dass du ein Mädchen bist?« Kurz bereute Lilly ihre unbedachte Frage, sie wollte Fran nicht verletzen und doch war es genau diese eine Antwort, die sie wissen wollte.

»Woher weißt *du,* dass du ein Mädchen bist?« Fran holte tief Luft. »Es ist einfach so. Punkt.«

»Meine Schwester würde dir sagen, dass ich kein richtiges Mädchen bin ...« Lilly versuchte ein Grinsen. Es fiel ihr schwer, das Thema war zu ernst. Wusste sie doch selbst, wie schwierig es war, wenn man nicht in die Norm und Gedankenwelt der anderen passte. »Es stimmt. Ich fühle mich ganz klar als Mädchen. Außerdem habe ich wunderschöne, lange blonde Haare, auch wenn sie ganz schön wuschelig sind.« Sie knuffte Fran scherzhaft in die Seite.

»Um die ich dich sehr beneide!« Fran legte ihren Kopf an Lillys, sodass Lillys Haare zu ihren wurden. Als wolle sie sich festhalten, drückte sie Lilly innig an sich.

Lilly schloss die Augen. Hier mit Fran zu sein, so nahe, fühlte sich richtig an und brachte sie dennoch völlig durcheinander. Tausend Fragen rauschten durch ihren Kopf und Ja-Abers stellten sich ihr in den Weg. Dabei wollte sie einfach nur hier sitzen. Frans Wärme spüren, riechen, atmen, eins sein.

»Denk nicht so viel darüber nach«, meinte Fran, als ob sie ihre Gedanken lesen könnte, und drückte sie noch fester an sich. »Es reicht, wenn ich mir den Kopf zergrübele und mein Leben die Hölle ist.«

Lilly hielt den Atem an, traute sich nicht nachzufragen, und gleichzeitig spürte sie: Es war egal. Total egal. Sie war hier mit Fran, jetzt, in diesem Moment, in dieser wilden, stürmischen Nacht wie einst in den Raunächten, als die Wilde Jagd über sie beide hinweggedonnert war. Damals im tiefen Winter, an der Ruine. Es schien eine Ewigkeit her.

Liebe Ana,

endlich. Ich habe ihr alles erzählt,
die ganze Wahrheit und alles ist
gut. So einfach kann alles sein, fühle mich
erleichtert und unglaublich froh. Ich hätte
längst reden sollen.

Wie meinte der eine Bischof neulich im
Fernsehen: Jeder Mensch hat mehrere Iden-
titäten, wir sind nicht nur Mutter, Vater,
Tochter, Sohn. Nicht nur Pfarrerin, Ärztin,
Tänzerin, Buchhändlerin (btw: denk dir die
männliche Person mit, haha), wir sind nicht
nur hetero- oder homosexuell oder trans*.
Wir sind noch so vieles mehr: verletzt, ver-
wirrt, einsam, orientierungslos, traurig,
offen, bitter, glücklich, sportlich ... Oder
manchmal auch so voller Liebe für Pferde,
dass alles andere um uns herum nicht zählt.
Wie bei Iris. Lillys Mutter konnte mit Pferden besser umgehen als mit Menschen und
je älter ihre Töchter wurden, desto mehr
hat sie sich von ihnen zurückgezogen. Vor
allem von Eve, die sich sowieso nicht für
Tiere interessiert und keinen Fuß in den Stall
setzt. Und dann ist sie gestorben, zack
bumm, bekam Krebs und war tot. Wie unser
Papa. Kein Kitzeln und Kuscheln mehr, keine

Gespräche und Streitereien, statt Rückhalt und Liebe, alles leer. Und Paul küsst die neue Reitlehrerin in der Sattelkammer! Das muss man sich mal vorstellen: Seine Frau ist gerade mal ein Jahr tot und schon hat er eine Neue – wie soll das eine Tochter verstehen, die ihre Mutter über alles geliebt hat? Ich sage dir, die Welt ist so voller Klischees, dass es nicht zum Aushalten ist.

Da ist noch ein Schatten, den Lilly in sich trägt. Sie ist so alleine, immer für sich und ausgeschlossen von der Gruppe. Ich mache mir Sorgen. Irgendetwas anderes muss früher vorgefallen sein und wenn ich Eves Andeutungen richtig verstehe, täuscht mich mein Bauchgefühl nicht. Mal wieder nicht. Die beiden haben nicht so ein gutes Verhältnis wie wir, dabei sind sie sich so ähnlich, bei all ihren Unterschieden.

Und Mutter? Warum kann sie mich nicht in meinem Anderssein akzeptieren und lieben? Ich bin doch schließlich ihr Kind! Und ich tue alles, um es ihr recht zu machen. Bestehe nicht auf ein Handy, trage Jungsklamotten und gebe den Bad Boy. Voll die Prinzenrolle eben. Weißt du, wie seltsam sich eine Badehose anfühlt für mich? Schulschwimmen neulich war die Hölle. Ich musste sofort an den Sommer mit Papa damals in Frankreich denken, ich im Bikini und mit Orangina in unserer »Badewanne« aus Sand am Meer. Wie froh und leicht wir alle waren! Die Muschelkette habe ich immer noch genauso wie den Seeigel, den wir damals beim Schnorcheln gefischt haben. Weißt du noch? Wie schön wäre es, dort zu sein.

Sehnsuchtsvoll, Fran

Albtraum

*J*emand pustete Lilly in den Nacken und zupfte an ihren Haaren.

»Hey«, flüsterte sie zärtlich. Am liebsten würde sie weiterschlafen, so etwas Schönes hatte sie lange nicht mehr geträumt. Fran war bei ihr gewesen und hatte liebe Sachen gesagt. Arm in Arm. Unwillkürlich tastete Lilly zur Seite. Kein Traum. Alles wahr. Es war dieser winzige Moment kurz nach dem Aufwachen, der alles Geträumte zunichte machte, ein unsanfter Plumps in die Wirklichkeit. Sie sprang auf. Zora wich erschrocken zurück.

»Er war hier, oder?« *Sie* war hier, korrigierte sich Lilly in Gedanken.

Doch Zora interessierte sich nicht mehr für Lillys Gefühlsbelange, denn Frieda kam gerade mit der Futterkarre die Stallgasse entlang. Schnaubend drehten sich ihr sämtliche Pferdeköpfe entgegen.

Hinter Frieda spazierte Pünktchen, das mal wieder seine neugierige Fohlennase überall hineinsteckte.

»Das werden wir dir bald abgewöhnen müssen! Wenn

du größer wirst, kannst du dich nicht einfach so überall dazuquetschen!« Lilly schob den kleinen Hengst energisch aus Zoras Box, die sich hungrig über das Kraftfutter hermachte.

»Was ist mit dir? Geht's dir nicht gut?« Frieda musterte Lilly besorgt. »Du bist so weiß wie Bilbo zu seinen besten Zeiten! Komm, hilf mir lieber, die Pferde sind unruhig. Kein Wunder, bei dem Sturm da draußen. So viel Regen hat die Welt noch nicht erlebt. Du musst Heu in die Raufen verteilen.«

»Keine Ahnung, was los ist, hab Bauchweh«, nuschelte Lilly und griff nach der Mistgabel.

»Die Ausritte müssen heute ausfallen«, meinte Frieda düster und deutete nach draußen. »Endlich war alles abgetrocknet. Aber nach diesem Regen von letzter Nacht. Und der Sturm erst … Drüben im Dorf ist der Bach über die Ufer getreten, die ganze Straße ist unterspült. Etliche Bäume sind umgestürzt. Hoffentlich bleibt unsere Zufahrt mit den Pappeln verschont.« Energisch schippte sie das Futter in die Tröge, Lilly verteilte unterdessen das Heu.

»Wotan will mal wieder nichts fressen«, stellte Frieda seufzend fest. »Komm, mein Guter, später geht's an die Führmaschine, da kannst du dir die überschüssigen Kalorien wieder abtrainieren!« Sie hielt dem Hengst ein Leckerli unter die Nase, doch dieser drehte verächtlich den Kopf weg.

Draußen regnete es immer noch. Der Wind rauschte besorgniserregend durch die Bäume und wirbelte Äste über die Wege. Die Pferde spürten das Unwetter. Angespannt standen sie da, zuckten nervös mit den Ohren und schreckten bei jeder Bewegung zurück. Nur Pünktchen schien das alles nichts auszumachen. Es tollte munter umher und war Lilly ständig im Weg, wenn sie mit Mistgabel und Einstreu hantierte. Deswegen dauerte an diesem Morgen alles doppelt so lange und als Meryam in den Stall kam, um Frodo zu trainieren, war dieser weder gestriegelt noch gesattelt. Anlass für sie, mal wieder zu meckern und genervt auf die Uhr zu schauen, bis Frieda und Lilly den dunkelbraunen Wallach bereit gemacht hatten. Meryam hatte furchtbar schlechte Laune, regte sich über den Regen auf und hatte an allem etwas auszusetzen. Als sie endlich im Sattel saß und mit Frodo in der Reithalle mit der Cavaletti-Arbeit begann, klatschten Frieda und Lilly erleichtert ab.

»Hoffentlich ist dieses wechselhafte Wetter bald vorbei«, meinte Frieda und trat zu Bilbo in die Box, um den Schimmel zu putzen. »Meine Nerven machen dieses Theater nicht länger mit. Und die Pferde auch nicht ... ist ja gut, Bilbo, du bist mein Hübschester, Liebster, Bester, aber du bist das schmutzigste Pferd, das ich kenne.«

Energisch machte sie sich mit der Wurzelbürste an seinem Fell zu schaffen. Bilbo zuckte und drohte mit den Hufen, er mochte es überhaupt nicht, wenn man ihn mit Striegel und Kardätsche beackerte, und schon gar nicht, dass man ihm dabei den Bauch kitzelte.

Lilly grinste. Was hatten sie nicht schon alles versucht, um den Schimmel sauber zu kriegen. Spray, Kernseife, Stein, Backpulver, Kohle. Alles umsonst! Kräftiges Putzen war die beste, wenn auch langwierigste Methode.

»Musst du nicht in die Schule?«, meinte Frieda mit Blick auf die Uhr.

»Fällt aus. Wegen des Sturms.« Was halb gelogen war. In

Wirklichkeit war die Strecke gesperrt, weil ein Traktor mit seinem Güllewagen auf der regennassen Fahrbahn von der Straße abgekommen war. Eine riesige Schweinerei, unzählige Feuerwehrkräfte im Einsatz. Man konnte das Unglück bis zum Waldhof riechen.

In Gedanken versunken half Lilly bei der morgendlichen Stallroutine. Später würde sie Matayo anrufen und ihm alles erzählen. Jetzt, wo sie wusste, wie es um Fran stand, konnte sie ihn ruhigen Gewissens trösten, dass Fran nach außen hin nur so tat, als wäre sie Eves Freund. Vielleicht hatte Matayo bei Eve ja doch eine Chance.

In diesem Moment polterte Paul in die Stallgasse.

»Was ist hier los? Warum sind die Pferde nicht an der Führmaschine?«, herrschte er Frieda an, die gerade damit beschäftigt war, der zappeligen Merry die Gamaschen umzulegen. Meryam wollte sie als Nächste zum Springtraining reiten, entsprechend mussten die empfindlichen Pferdebeine gepolstert sein.

»Ich mach ja schon«, beeilte sich Lilly zu sagen. »Manchmal frage ich mich, warum sich die Leute Pferde zulegen, wenn sie sie dann ja doch nicht reiten. Die sind doch nicht zum Angucken da.«

»Ich tue, was ich kann, hab nur zwei Hände! Was kann ich dafür, wenn niemand mehr gerne herkommt, weil die Stimmung hier so mies ist«, murmelte Frieda. Sie versuchte gerade mit allen Tricks, Merrys Bauchgurt festzuziehen. Die Stute blähte sich immer wieder auf.

»Wie bitte? Wer verbreitet hier schlechte Stimmung? Etwa ich?«, versuchte es Paul mit einem Scherz und Lilly rollte die Augen. Sie hatte Shakira das Halfter umgelegt.

»So geht das hier nicht«, polterte Paul weiter. »Seit Tagen stapeln sich die Futtersäcke. Ich kann keine Ratten im Stall gebrauchen! Und *ich* musste gestern Grabowski helfen, die Jährlinge zu untersuchen.«

»Das ist nicht Friedas Schuld, wenn du das meinst!«, verteidigte Lilly die Pferdetrainerin. »Matayo fehlt. Und wenn sich die Besitzerinnen und die Besitzer nicht um ihre Tiere kümmern, sind das einfach zu viele für einen allein. Meryam kann sie ja auch nicht alle reiten, obwohl sie von morgens bis abends im Sattel sitzt.«

»Apropos Meryam. Sie fragte mich nach deinen Trainingsfortschritten mit Zora. Später wollen wir mal sehen, was ihr beide könnt! Ich bin mir sicher, ihr seid das perfekte Paar im Dressurviereck.« Paul schaute seine Tochter aufmunternd an. Mittlerweile hatten sie Shakira, Tassilo und Pippin in die Führanlage gebracht. Die Pferde waren unruhig, der ständige Wind drückte den Regen in ihr Fell, da nützte auch die Überdachung nichts.

»Was?« Vor Schreck hätte Lilly beinahe die Anlage gestoppt, die sie gerade gestartet hatte. Ihr Finger schwebte immer noch über dem Knopf.

»Du nimmst das nicht ernst, oder? Was machst du denn hier die ganze Zeit? Liegst bei deiner Stute im Stall und vertrödelst die Zeit. Empfängst irgendwelche Kerle und übernachtest mit ihnen im Stroh. Für wie blöd hältst du mich? Meinst du, ich merke nicht, dass dir das alles egal ist? Es geht auch anders! Du wirst schon sehen, was du davon hast. Dann verkaufen wir Zora eben noch vor dem Turnier. Sie hat ausgezeichnete Papiere, ich habe bereits drei Interessierte ...«

»Blablabla, bist du jetzt fertig? Du erzählst auch immer wieder dasselbe. Du kapierst echt nichts!« Lilly war bei Pauls Worten immer wütender geworden. Was fiel ihm ein, ihr so eine Ansage zu machen! Merkte er denn überhaupt nicht, was hier ablief? Wenn sie nicht wäre, hätte er seinen Stall samt Zuchtbetrieb längst dichtmachen können, das wusste er genau. Und jetzt sollte sie auch noch dieses bescheuerte Turnier gewinnen, weil Meryam dazu nicht in der Lage war! Interessierte es hier überhaupt jemanden, wie es Lilly ging?

»Du wirst sehen, was du davon hast!« Ehe Paul antworten konnte, rannte sie Richtung Stall, wo sie sich in Windeseile Zora schnappte und vom Hof galoppierte. Ohne Sattel. Ohne Halsring. Und ohne Regenjacke.

»Warte, bleib hier! So war es doch nicht gemeint! Das ist viel zu gefährlich da draußen. Der Wald ist voller umgestürzter Bäume ...«, hallte die Stimme ihres Vaters hinter ihr ihr.

Doch Lilly hörte ihn nicht mehr. Längst galoppierten sie die Allee hinunter, rüber aufs Feld und in den Wald, die Anhöhe hinauf. Wie immer, wenn sie auf der Flucht war. Diesmal war es anders. Diesmal hatte sie den Ernst in der Stimme ihres Vaters gespürt. Diesmal gab es kein Zurück.

Und welch unglaubliche Vorwürfe. Von wegen irgendwelche Kerle ... bei Eve war ihm das schnurzpiepe. Klar, sie war ja auch seine Lieblingstochter und konnte machen, was sie wollte. Da war es egal, dass sie Tausenden von Abonnent:innen erzählte, dass es nur Schönheit aus der Tube gab und keine von innen. Dass sie ihr Gesicht an die Konsumindustrie verkauft hatte und ihr die Gefühle der anderen scheißegal waren, Hauptsache, die Kohle stimmte, die Verträge hatte schließlich er unterschreiben müssen, da Eve noch nicht volljährig war.

Lilly war wütend, traurig, sauer und alles auf einmal, mit einem Groll im Bauch, wie sie ihn noch nie in ihrem Leben verspürt hatte. Wie von Sinnen klopfte sie Zora die Schenkel in die Seite, trieb ihre Stute an. Doch das war überhaupt nicht nötig. Zora hatte verstanden. Wie immer. Traumhaft sicher galoppierte sie in atemberaubender Geschwindigkeit durch den Wald, sprang über umgestürzte Bäume, wich tief hängenden Ästen aus, überquerte Bachläufe. Weiter, weiter.

Mittlerweile hatte Zora das Tempo gedrosselt. Der Weg war matschig und unglaublich schmal, ihre Hufe sanken tief in den Morast. Rechts von ihnen ragte der Hang mit seinen schroffen Felsen, links ging es steil hinab. Lilly hatte jegliche Orientierung verloren, sie konnte den schmalen Grat nur erahnen, auf dem sie sich gerade bewegten. Alles grau verhangen, alles klamm wie ihr Herz. Dafür schoss das Wasser in Strömen von den Hängen. Ein beständiges Rauschen erfüllte die Luft, gefolgt von dunklem Grollen von irgendwo her.

Ihr Herz sprudelte vor Gefühlen wie verrückt, wenn sie an Fran dachte, und es gab keine Schublade, in die sie passten. Das Gespräch mit Fran hatte sie aufgewühlt, völlig durcheinandergebracht. Sie fühlte sich ihr verbunden wie noch nie einem Menschen zuvor. Fühlte Zärtlichkeit, Liebe, Nähe. Für ein Mädchen, von dem sie bis vor wenigen Stunden noch dachte, sie wäre ein Junge. Ein Junge, in den sie sich verliebt hatte, ob sie es hatte zugeben wollen oder nicht. Und jetzt? War sie in ein Mädchen verknallt! Oder war es gar keine Verliebtheit, sondern nur freundschaftliche Zuneigung? Es fühlte sich wunderschön an und doch war es die komplette Verwirrung der Gefühle.

»Ich hatte noch nie eine Freundin, ich weiß überhaupt nicht, wie sich das anfühlt«, flüsterte sie in Zoras Mähne. Die Stute war abrupt stehen geblieben, klatschnass geschwitzt vom schnellen Galopp. Oder war es vom Regen?

»Was ist?«

Zoras Ohren spielten aufmerksam. Irgendetwas schien sie zu beunruhigen. Lilly lauschte angestrengt in den Wald hinein. Doch außer dem beständigen Regenrauschen war nichts zu hören. Sie waren weit vom herkömmlichen Weg abgekommen, hierher verirrte sich garantiert keine Menschenseele. Und bei dem Wetter waren auch keine Wildschweine unterwegs.

»Komm, weiter geht's.« Doch Zora blieb wie angewurzelt stehen und war nicht von der Stelle zu bewegen. »Hey, was ist?« Die Stute wich zurück, doch Lilly trieb sie weiter an. »Los!«

Zora tippelte auf der Stelle, sie wieherte nervös. Bäumte sich auf, beinahe wäre Lilly abgerutscht, in letzter Sekunde klammerte sie sich fest.

»Wo willst du hin, verdammt? Zurück? Hier auf dem schmalen Pfad kannst du nicht drehen!« Lilly spürte Panik in sich aufkriechen – als sie nach unten schaute, wurde ihr schwindelig, so tief ging es hinab. Zora musste voran, stehen bleiben war keine Option. Zurück erst recht nicht. Sie mussten weiter.

Langsam tastete sich Zora vorwärts, die Stute wirkte

aufs Äußerste angespannt. Lilly hielt die Augen geschlossen, versuchte, sich so leicht wie möglich zu machen. Ihr blieb nichts anderes übrig, als Zora zu vertrauen. Was machte es auch. Es war sowieso alles egal.

Und dann ging alles ganz schnell, unbeschreiblich schnell. Ein tiefer Donner, ein erschrockenes Wiehern und Aufbäumen und Lilly rutschte ab, schrammte an einem Ast vorbei und konnte sich nicht halten, bevor sie den Hang hinunterstürzte. Zora galoppierte davon.

»Hey, was soll das?« Mühsam rappelte sich Lilly wieder auf und rannte ihr hinterher. Zora hatte sie noch nie abgeworfen. Bestimmt würde sie an der nächsten Wegbiegung auf sie warten.

Doch Lilly hoffte vergeblich. Zora wartete nicht. Nicht an dieser und auch nicht an der nächsten Kreuzung. Immerhin lichtete sich nun der Wald und auch der Weg war wieder breiter. Dafür war irgendwo am Hang über ihr ein dumpfes Grollen zu hören, das Lilly nicht einordnen konnte. Leise erst, dann lauter, schien es immer näher zu kommen. Der Boden unter ihren Füßen sackte ab. Als Lilly merkte, was da gerade passierte, war es zu spät.

Liebe Ana,

ich konnte nicht bleiben. Verrückt, oder? Wir haben uns die ganze Nacht über gegenseitig aus unserem Leben erzählt. Noch nie habe ich mich jemandem so nahe gefühlt, noch nie hatte ich dieses Gefühl, dass mich jemand versteht, ohne dass ich mich erklären muss. Ich musste mich überhaupt nicht verstellen, brauchte mich nicht rechtfertigen für mein Anderssein, das für mich normal ist.

Es waren die schönsten Stunden meines Lebens. Und doch musste ich gehen, es war … ein innerer Zwang. Ich hatte Angst davor, dass sie beim Aufwachen merkt, dass sie nicht geträumt hat und alles ganz anders ist, als sie vorher gedacht hat.

Sie schlief noch, als ich ging, nur Zora hat mir zugeblinzelt, sie ist meine Verbündete. Und jetzt … fühle ich mich einsamer als zuvor. Habe ein schlechtes Gewissen. Weiß nicht, wie ich ihr jemals wieder begegnen soll. Was, wenn sie nichts mehr von mir wissen will wie alle anderen auch? Sich über mich lustig macht? Ich würde es nicht aushalten. Nicht schon wieder.

Ich bin jetzt bei Omi in Hamburg. Sie hat nicht viele Fragen gestellt, sie ist zu alt dazu, sie hat sich nur über meine Gesellschaft gefreut. Hier bin ich nun. Warte ab. Horche in mich hinein.

Morgen habe ich einen Termin bei Frau Doktor Lutze, ich brauche ein neues Rezept, damit ich die Hormonbehandlung fortsetzen kann. Dazu brauche ich die Unterschrift von Mutter. Vielleicht frage ich auch Omi. Wie ich das hinbekomme, weiß ich nicht. Ich weiß nur, dass ich das alles allein nicht mehr lange durchhalte. Wie kann sie mich zwingen, jemand zu sein, der ich nicht bin?

Feige & verzweifelt, Fran

Alles schwarz

Es war kein schöner Anblick. Lilly musste dreimal tief durchatmen, bevor sie die Wunde genauer untersuchen konnte. Am Unterschenkel klaffte ein tiefes Loch, es blutete in Strömen, und vielleicht war es ein Stück Knochen, das sie da sehen konnte.

Dennoch spürte Lilly keinen Schmerz. Noch mal tief Luft holen und sie zog sich den Gürtel aus den Schlaufen, band sich das Bein damit ab. Mühsam zerrte sie sich das Shirt vom Leib und drückte es auf die blutende Wunde.

Sieht aus wie mein Herz, dachte sie für einen flüchtigen Augenblick. Seit ich weiß, dass Fran gar nicht Fran ist, aber vielleicht in diesem Moment so sehr Fran war wie noch nie in ihrem Leben.

Als die Blutung endlich nachließ, tastete sie nach ihrem Kopf, mindestens eine Platzwunde, stellte sie nüchtern fest und schaute sich suchend um. Wenn sie nicht alles täuschte, hatte die Schlammlawine sie zur Ruine gespült, sie erkannte den knochigen Baum an der Stelle, wo es hinunter ins Tal ging. Wenigstens wusste sie jetzt, wo sie war. Lilly konnte nur hoffen, dass Zora den Abgang der Moräne unbeschadet überlebt hatte. Deswegen hatte sie gezögert, deswegen war sie durchgegangen.

Lilly schloss die Augen, Übelkeit kroch in ihr hoch, kein gutes Zeichen. Erschöpft lehnte sie an der Mauer, genauer gesagt an dem Stück, was noch von ihr übrig war. Mit dem verletzten Bein würde sie es unmöglich nach Hause schaffen. Immerhin hatte es aufgehört zu regnen, auch die dunklen Wolken begannen sich aufzulösen. Lilly spürte, wie auch ihr Atem ruhiger wurde, ihr Körper war ein einziger dumpfer Schmerz, der Kopf dröhnte. Konzentrier dich aufs Atmen, befahl sie sich, bloß nicht ohnmächtig werden. Angestrengt riss sie die Augen wieder auf, spürte ihr Herz im Hals pochen. Sie kniff sich in den Arm, sie musste bei Bewusstsein bleiben, um jeden Preis. Sie brauchte Hilfe. Dringend.

»Zora!«, rief sie ihre Stute. »Hey, wo bist du! Hol mich hier raus!«

Bestimmt stand sie irgendwo. Verstört, zitternd. Hoffentlich unverletzt. Wieder und wieder rief Lilly nach ihrem Pferd. Spürte, wie sie schwächer wurde. Warum auch war sie wieder mal ohne Handy unterwegs, dachte sie, Eve würde das ganz bestimmt nicht passieren, die hatte ihr Smartphone immer parat.

»Zora!!!«

Für einen Moment schloss Lilly die Augen. Da war es wieder, dieses Bild, als Eve Fran küsste. Warum hatten sie das gemacht?

»Zora!!!« Und wieder unter Aufbietung aller Kräfte: »Zora!!!«

Dann wieder schwächer. »Zora! Zora! Zora!« Bis es nur noch ein leises Murmeln war.

Da endlich drang ein schwaches Wiehern an ihre Ohren, im Gestrüpp raschelte es und dann tauchte Zora auf. Voller Kratzer und Dreck, aber ihr schien nichts passiert zu sein. Die Stute stupste Lilly zur Begrüßung ins Gesicht.

»Hey, du! Das wird aber auch Zeit!« Erleichtert atmete Lilly den vertrauten Geruch ihres geliebten Pferdes. »Bist du okay? Ist dir auch nichts passiert? Schau dir mal mein Bein an ... so komme ich nie auf deinen Rücken! Du musst Hilfe holen, verstanden?« Lilly versuchte, Zora von sich wegzuschubsen, doch die Stute hatte andere Pläne. Sie beugte die Beine und legte sich ganz dicht neben Lilly.

»Du meinst, ich soll auf deinen Rücken klettern?«

Zora drehte sich ihr sogar ein Stück entgegen. Mit aller Kraft hielt sich Lilly an ihrer Mähne fest, versuchte, sich aufzurichten und so zu drehen, dass sie ihr gesundes Bein überschwingen konnte.

»Autsch!« Der Schmerz war messerscharf und hundsgemein, für einen Augenblick wurde Lilly schwarz vor Augen. Ihr war speiübel. Schließlich saß sie oben, das linke Bein hing schlaff herab. Lilly biss die Zähne zusammen – wie unnatürlich es zur Seite gedreht war! Außerdem blutete es wieder.

»Los, bring mich nach Hause!«, murmelte sie matt in Zoras Mähne und versuchte, nicht von Zoras Rücken zu rutschen, als diese jetzt langsam aufstand und sich in Bewegung setzte. Behutsam setzte sie Huf vor Huf, darauf bedacht, Lilly nicht noch mehr Schmerzen zu verursachen. Die hing mittlerweile ohnmächtig auf ihrem Rücken und bekam nichts mehr mit. Spürte nicht die Sonnenstrahlen, die sich langsam den Weg durch die Wolken bahnten. Sah nicht die tropfnassen Blätter, die an den Bäumen hingen. Hörte nicht die besorgten Rufe, die durch den Wald hallten, und auch nicht, als Zora zur Antwort wieherte. Ausgerechnet Eve war es, die den beiden auf dem Waldweg entgegenkam, mit dem Handy den Notruf verständigte und dafür sorgte, dass Lilly umgehend in ein Krankenhaus gebracht wurde.

Nur langsam kam Lilly wieder zu sich. Jede Bewegung schmerzte, ihr Hals brannte.

»Hallo, Dornröschen!«

»Was ist passiert? Wo ist Zora?«, brachte sie mühsam über die Lippen.

»Schscht, alles gut, sie ist in Sicherheit, sprich nicht so viel.« Eve streichelte ihr besorgt die Hände. »Dich hat die Schlammlawine herumgewirbelt und den Hang hinuntergespült, es ist ein Wunder, dass dir nicht noch mehr passiert ist. Dass du überhaupt noch lebst. Wir haben uns solche Sorgen gemacht!«

Der Abhang. Das Gedonner. Der Rutsch. Lilly erinnerte sich. In der Ruine war sie wieder zu sich gekommen. Blutend.

Dankbar trank sie einen Schluck, als Eve ihr das Glas reichte.

»Was machst du hier?«, stammelte sie. Die Zunge war schwer, ihr Gehirn funktionierte wunderbar. Gott sei Dank.

»Wonach sieht's denn aus? Ich pass auf dich auf, dass du nicht wieder abhaust ...« Eve lachte und wischte sich erleichtert eine Träne aus dem Auge, die Mascara verschmierte dabei. »Echt jetzt, Lilly, du hast uns allen einen gehörigen Schrecken eingejagt! Wie damals. Zum Glück hat mir Fran von eurem Treffpunkt erzählt.«

Fran?

»Ich weiß, was du jetzt sagen willst, aber du sollst dich schonen. Später erzähle ich dir alles. Jetzt schlafe dich gesund. Ich gehe in der Zwischenzeit nach Hause und hol dir ein paar frische Klamotten.«

Doch an Schlaf war nicht zu denken. In Lillys Kopf titschte eine Flipperkugel von links nach rechts und von rechts nach links, oben, unten, kreuz und quer. Was hatte das alles zu bedeuten? Außerdem pochte ihr linkes Bein. Sie hatte einen komplizierten Bruch erlitten und operiert werden müssen, wie ihr der Pfleger erklärte, als er ihre Infusion überprüfte.

»Gegen die Schmerzen. Mach dir keine Sorgen, dein Bein kommt wieder in Ordnung! Während du unter Narkose warst, haben wir alles wieder zusammengeflickt. Ausnahmsweise haben wir nicht die Platten, Schrauben und Nägel aus dem Baumarkt genommen ...«

Es war wohl witzig gemeint, doch Lilly war nicht zum Lachen zumute. Sie fühlte sich hundeelend. Wie durch einen Fleischwolf gedreht. Oder eben von einer Schlammlawine überrollt.

»Mein Kopf«, jammerte sie, alles flimmerte jetzt, alles pochte.

»Kein Wunder! Du hast eine schwere Gehirnerschütterung. Am besten bewegst du dich nicht. Du musst eine Million Schutzengel gehabt haben ...«

Lilly spürte, wie sie ruhiger wurde. Was immer in diesem Tropf war, es machte, dass sie einschlief und der Gedankenkreisel langsamer wurde, bis er schließlich still stand. Oder auch nicht, denn jetzt jagten lauter Bilder vor ihrem inneren Auge. Gedankenfetzen. Erinnerungen an vergangene Zeiten. Wie ein Puzzle. Ein verstaubtes, vergessenes Puzzle, das plötzlich wieder hervorgeholt wurde. Ecken und Kanten waren abgewetzt und wollten nicht so recht zueinanderpassen und trotzdem ergab das Bild einen Sinn.

Ihre Mutter war da und hob sie auf Zora, lachend und liebevoll zeigte sie Lilly, wie sie einfühlsam Hilfen geben und auf das Pferd einwirken konnte. Ganz sanft, nur mit Gewicht und Körperspannung. Wie frei sich das anfühlte, es war wie nackt sein. Ohne einzwängende Kleidung. Lilly hatte sich rücklings abgelegt. Der Himmel über ihr war tiefblau, Sonnenstrahlen kitzelten in ihrem Gesicht. Sie war voller Vertrauen zu Zora, die unbeirrt über die Weide trottete, zwischendurch stehen blieb, um einen Grashalm zu zupfen, oder sich zu ihrer Reiterin umdrehte, wie um sich zu vergewissern, dass es ihr gut ginge. Ihre Mutter zeigte ihr auch, wie sie Verspannungen in Hals und Rücken ertastete, und erklärte ihr, wie man ausgerenkte Wirbel einrenken konnte. Lilly hätte das gerne ausprobiert, aber Iris winkte lachend ab. »Das lernst du später. Paul kann dir das übrigens viel besser zeigen als ich«, sagte sie lächelnd. »Und niemals einfach nachmachen und ausprobieren, das ist viel zu gefährlich.«

Stundenlang hatten sie nebeneinander am Weidezaun gestanden und die Pferde beobachtet. Ihr Verhalten studiert, ihre Bewegungen. »Wenn du ihre Sprache sprichst, kannst du jedes Pferd reiten«, hörte sie ihre Mutter sagen. »Fühl dich in sie hinein, denke wie ein Pferd.«

Dann tauchten plötzlich Wolken am Himmel auf, dunkle tiefschwarze und bedrohliche Wolken. Sie hingen tief, vertrieben alles Frohe, Helle. Der sommerbunte Weidentraum platzte wie eine Seifenblase, heraus fielen dicke schwarze Tropfen, die sich schwer und klebrig wie Pech über das Bild legten. Zeit voll Trauer, Zeit voller Schmerzen. Puzzleteile fehlten, das ganze Bild hatte einen Riss.

»Nein! Bitte nicht!« Mit einem Riesenschreck richtete sich Lilly auf. Zu schnell, zu heftig, der Schmerz schoss durch ihren Körper. Ihr wurde schwindelig.

»Hey, langsam, was ist? Du hast geträumt.« Eve streichelte ihr wieder und wieder über die Schulter, legte ihr einen kalten Waschlappen auf die Stirn.

Langsam beruhigte sich Lilly. Das Flimmern im Kopf legte sich.

»Wo ist Paul?«

»Auf dem Hof. Dort geht gerade alles drunter und drüber, wie du dir vorstellen kannst. Er hat in den letzten Tagen in jeder freien Minute an deinem Bett gewacht. Ich soll dich lieb grüßen.«

»So lange bin ich schon hier?« Dunkel erinnerte sich Lilly an die große warme Hand, die die ihre gestreichelt hatte, die lieben Worte, die er geflüstert hatte, die aufmunternden Erzählungen und die Neuigkeiten vom Hof.

»Viel zu lange! Jetzt scheinst du hoffentlich über den Berg zu sein.« Der nette Pfleger war gekommen, um Lillys Geräte zu überprüfen. *Mischa* stand auf seinem Schild, wie Lilly mühsam entzifferte.

»Ab morgen bekommst du von der Physio ein paar Trainingseinheiten extra!«, meinte Eve. »Wollen mal sehen, dass du schnellstmöglich wieder auf die Beine kommst. Es sind schließlich nur noch wenige Wochen bis zum Turnier!«

»Das wird so schnell nicht möglich sein!« Mischa verzog skeptisch sein Gesicht.

»Was? Das geht nicht! Ich muss starten.«

»Vergiss es. Besser, du findest dich damit ab.«

Niedergeschmettert ließ sich Lilly zurück in ihr Kissen sinken. Sie fühlte sich miserabel. Sie wollte nichts hören und nichts sehen. Doch Eve redete ihr gut zu.

»Jetzt lass den Kopf nicht hängen! Das wird schon. Geht bestimmt schneller, als du denkst.«

»Du hast doch keine Ahnung!«, fuhr Lilly sie an. »Warum bist du überhaupt hier?«

»Weil du meine Schwester bist, schon vergessen? Weil ich dich von Zoras Rücken gefischt habe.« Eve setzte sich zu Lilly aufs Bett. »Komm schon, beruhige dich. Aufregung ist nicht gut für dich.«

»Warum warst du dort?«

»Kannst du dir das nicht denken?« Eves Stimme war leise geworden. »Ich habe dich gesucht! Zum Glück hatte mir Fran von der Ruine erzählt ... Bei unserem letzten Treffen wirkte er so traurig und er geht ja auch nicht mehr in die Schule. Du weißt doch, was mit ihm los ist.«

»Was soll sein?« Lilly tat so, als verstehe sie nicht. Sie würde Frans Geheimnis nicht leichtfertig rausposaunen.

»Hat er dir etwa nichts erzählt?« Sie erntete einen skeptischen Blick von Eve.

»Doch. Dass er in dich verliebt ist und ihr ein Paar seid.«

»Das stimmt nicht, und das weißt du genau. Es ist ganz anders.«

»So? Und wie ist es dann?« Lilly wollte es aus ihrem Mund hören. Sie musste wissen, dass Eve über Fran Bescheid wusste und wie sie zu ihr stand.

»Fran ist trans*.« Eve sagte es, als sei es das Normalste der Welt, und das war es ja auch. »Sie ist ein Mädchen.«

»Und warum ... warum ... habt ihr dann ...«, stammelte Lilly. Sie bekam die Bilder von dem verliebten Pärchen nicht aus dem Kopf.

»Kannst du dir das nicht denken?« Eve grinste.

Nur langsam kapierte Lilly.

»Ihr habt nur so getan, als ob?«

»Bingo.« Eve holte tief Luft und dann erzählte sie. »Fran kam eines Tages zu mir, weil sie mich für meinen YouTube-Channel bewunderte. Erst dachte ich ja, sie will was von mir, so wie sie mich immer angeschaut und ausgefragt hat. Dann wurde mir klar: Sie interessiert sich nur für meine Schminksachen! Sie wollte, dass ich ihr alles zeige und erkläre. Da sind wir Freundinnen geworden.«

»Deswegen wart ihr stundenlang in deinem Zimmer eingesperrt.«

»Genau! Ich habe sie frisiert, verschiedene Stylings an ihr ausprobiert ... sie ist wunderschön.«

»Du wusstest es die ganze Zeit ... Deswegen hast du noch mal sämtliche Tutorials wiederholt.«

»Das hättest du von einer oberflächlichen Influencerin aus deiner Klischeekiste nicht erwartet, was?« Eve lächelte.

Lilly schloss die Augen. Langsam beruhigte sich das

Durcheinander in ihrem Kopf, fügten sich sämtliche Puzzleteile zu einem neuen Bild. Alles war anders. Fran ein Mädchen und Eve die mitfühlende Schwester, die sich um Zora kümmerte. Fehlte nur noch, dass Meryam sich zum Horsemanship bekannte, dann wäre das Märchen perfekt gewesen.

Tag für Tag ging es Lilly nun besser. Der fürsorgliche Pfleger, die motivierende Unterstützung der Physiotherapeutin, Eves aufmunternde Besuche und die Aussicht, bald wieder bei ihren geliebten Pferden zu sein, brachten Lilly innerhalb kurzer Zeit auf die Beine. Die Ärzt:innen wunderten sich über ihre schnelle Genesung. Sie wussten nicht, dass Lilly ein Ziel hatte: nämlich endlich wieder mit Zora durch die Wälder zu streifen und den grässlichen Unfall zu vergessen. Immer wieder scrollte sie durch ihre Fotos, versuchte, sich all die schönen Momente mit Zora in Erinnerung zu rufen, und schlief immer öfter mit einem glücklichen Lächeln auf den Lippen ein. Eve hatte ihr jeden Tag von Zora berichten müssen und ihr versichert, dass ihr Liebling das Unglück unbeschadet überstanden hatte. Sie zeigte ihr sogar Fotos aus dem Stall und vom Paddock, erzählte von Pünktchen, Frodo und den anderen Pferden und dass Matayo umgehend zurückgekehrt war, als er von dem Unfall gehört hatte. Er arbeitete für drei, wie Eve lachend berichtete, und Lilly hielt es kaum aus, in dem Krankenzimmer eingesperrt zu sein. Sie vermisste den Waldhof sehr!

Auch Paul kam so oft wie möglich zu Besuch, blass und bleich sah der Vater aus, er konnte nie lange bleiben. Es reichte immer, um Lilly Neuigkeiten aus dem Stall zu erzählen. Und nachts träumte sich Lilly zu Zora.

Anfang Juni dann konnte sie endlich mit einer gepolsterten Orthese die Klinik verlassen. Ohne Schmerzen und mit Hoffnung auf völlige Gesundung ihres Beines, was angesichts des dramatischen Unfalls alles andere als selbstverständlich war. Noch etwas beflügelte sie: die Aussicht, bald wieder bei all ihren Lieblingen und bei Fran zu sein. Obwohl Lilly Angst vor einer Begegnung hatte, wünschte sie sich nichts sehnlicher, als sie wiederzusehen. Sie hatte insgeheim gehofft, Fran würde sie im Krankenhaus besuchen. Lilly konnte nicht genau erklären, was es war, sie sehnte sich danach, ihre Hand zu halten, ihre Nähe zu spüren, mit ihr zu sprechen. Aber Fran war wie vom Erdboden verschluckt. In die Schule kam sie nicht mehr und weil niemand so genau wusste, wo Fran wohnte, konnte sie ihr auch keine Postkarte schicken. Auch Eve wusste keinen Rat, auf Lillys Wunsch hin hatte sie sogar an der Ruine eine Nachricht für sie hinterlassen. Doch Fran meldete sich nicht.

Liebe Ana,

Omi ist klasse. Sie denkt, ich habe Ferien, und hat sich über meinen Besuch sehr gefreut. Alle haben ja gedacht, sie gehöre ins Pflegeheim. Dabei kommt sie alleine erstaunlich gut klar! Alles braucht halt nur ein bisschen länger. Und ist ein bisschen anders. Der Topf zum Eierkochen ist zu groß und das Salz gehört eigentlich auch nicht in den Kühlschrank. Ich helfe ihr im Garten bei der Erdbeerernte, hänge die Wäsche richtig herum auf und lese ihr aus der Zeitung vor. Zwischendurch kommt die Pflegerin und hilft ihr beim Waschen und mit der Medizin.

Apropos: Mit Frau Doktor Lutze habe ich auch gesprochen, welche Erleichterung. Fast zwei Stunden war ich bei ihr. Sie war so froh, mich wiederzusehen! Endlich eine Ärztin, die mich versteht und mich unterstützt, wir haben einfach einen guten Draht. Dabei ist sie »nur« unsere Hausärztin und keine Psychotherapeutin oder so was. Anders als die Dubsky, die ist hoffentlich endgültig Geschichte. Frau Lutze will mit Mutter sprechen, damit sie mit mir zu Doktor Martini geht, der Trans*jugendliche berät und sich in Sachen Hormonbehandlung auskennt. Mit ihm kann ich dann abstimmen, wann welche Tabletten einge- setzt werden müssen und wann ich vielleicht mit den gegengeschlecht- lichen Hormonen beginnen kann. Jetzt ist nämlich erst mal wichtig, dass ich nicht in die Pubertät komme und »zum Mann wer- de«, denn der bin ich ja nicht. Leider darf Doktor Lutze nichts ohne Mutters Einver- ständnis unternehmen, sie würde sich sonst strafbar machen. Aber ihr ist »aus Verse- hen« eine Schachtel mit Pubertätsblockern in meinen Rucksack gefallen. Für die kom- menden Wochen muss ich mir also erst mal keine Sorgen machen und kann meine »Fe- rien« bei Omi genießen. Denn in die Schule gehe ich niemals wieder zurück. Nicht mehr als Fran. Wenn, dann als Fran, verstehst du? Wenn ich nicht immerzu denken müss- te: Wiesoweshalbwarum.

Immerhin wird dieser Haarwuchs weniger, die Lutze hat mir auch so eine Salbe gege- ben. Und auch die Stimme bleibt dank der Tabletten meine. Nur der P... führt immer noch ein Eigenleben, ganz hart und groß ist er manchmal. Das ist sehr, sehr, sehr unangenehm. Frau Lutze sagt, das hört bald auf. Ich mag ihn nicht anfassen, obwohl sie meinte, das könnte ja ganz schön und entlastend sein. Mir reicht es schon, wenn ich ihn beim Pinkeln in die Kloschüssel drücken muss.

Sorry, das wolltest du jetzt vielleicht gerade nicht lesen, zu viele intime Details. Ich habe längst verstanden, dass ich meine Identität von meinem biologischen Geschlecht trennen muss. Ich muss lernen, damit zu leben, eines Tages wird das hoffentlich anders sein. Er ist nun mal da und ich mag ihn nicht, habe ihn noch nie gemocht. Was soll ich machen. Für eine Operation ist es noch viel zu früh, ich muss älter sein und alle möglichen Voraussetzungen erfüllen. Und ich brauche Mutters Einverständniserklärung, wenn ich noch nicht volljährig bin …

In der Zeitung steht, dass es in der Nähe des Waldhofs ein furchtbares Unglück gegeben hat. Nach dem Dauerregen im Frühjahr ist der Boden so durchweicht, dass es zu etlichen Erdrutschen kam. Eine Schlammlawine ist abgegangen und hat die Ruine mit sich fortgerissen. Angeblich gab es auch Verletzte, Genaues haben sie nicht gesagt. Mir war so-

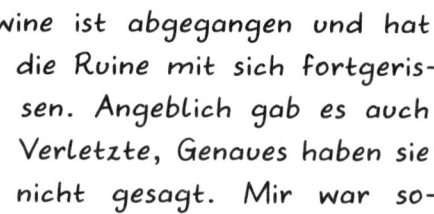

fort klar, dass es sich dabei um Lilly handeln muss. Niemand sonst ist dort oben im Wald unterwegs. Von Eve weiß ich, dass Lilly verletzt im Krankenhaus liegt und das Schlimmste überstanden hat. Wie es ihr wirklich geht, wann ich sie wiedersehe, weiß ich nicht. Ich muss pausenlos an sie denken und habe die Erbsensuppe anbrennen lassen, weil ich beim Kochen immerzu aus dem Fenster gestarrt habe.

Zum Glück bringt mich Omi auf andere Gedanken. Ich soll ihr so oft wie möglich aus der Zeitung vorlesen. Nicht die Tageszeitung, wo denkst du hin. Nein, alles über die Royals und ihre Märchenhochzeit! Seufz, das ist wirklich rührend. Ich werde noch ganz sentimental.

Ich vermisse dich, geliebte Schwester, und hoffe, wir sehen uns bald. Ich vermisse die Pferde. Und Lilly.

Voller Liebe, Fran

Frühlingserwachen

Zora ging es nicht gut. Eve hatte sie die ganze Zeit über belogen und ihr bearbeitete Fotos gezeigt. Die Stute hob kaum den Kopf, als sie Lillys Schritte hörte. Sie wieherte nicht einmal.

»Hey, was ist mit dir?« Langsam öffnete Lilly den Riegel. Erschrocken wich Zora zurück, stand zitternd da, rührte sich nicht.

Tränen traten in Lillys Augen. »Was hast du denn?«, versuchte sie es noch einmal. »Ich bin es, Lilly, erkennst du mich nicht?«

Sie hielt ihr die Hand hin, so wie sie es schon so oft in der Vergangenheit getan hatte. Doch anstatt neugierig näher zu kommen, ihr weiches Pferdemaul hineinzulegen, verkroch sich Zora in die hintere Ecke und reagierte nicht.

»Endlich! Höchste Zeit, dass du wieder da bist!« Matayo tauchte in der Stallgasse auf. Mit einem Blick auf Zora fügte er hinzu: »Ich habe schon alles probiert, glaube mir, ich kenne doch deinen Liebling. Aber da ist nichts zu machen. Sie lässt niemanden an sich heran.«

»Warum? Was ist denn passiert? Warum habt ihr mir nichts erzählt?« Lilly schüttelte entsetzt den Kopf. Aufmerksam musterte sie das Verhalten der Stute, versuchte, sich in sie hineinzuversetzen, herauszufinden, wie es ihr ging.

»Das fragst du noch? Zora hat etwas Furchtbares erlebt, genau wie du! Ihr beide braucht Ruhe und Zeit. Wie geht's dir denn? Ich wollte dich besuchen, aber dein Vater hat es mir verboten. Wollte wohl verhindern, dass ich dir von Zora erzähle. Lilly, das tut mir alles so leid. Ich bin echt froh, dass du wieder da bist!« Matayo zog sie in die Arme. Dann musterte er Lillys Orthese. »Kannst du mit dem Ding reiten?«

»Lieber heute als morgen!« Lilly verzog ihr Gesicht. »Sie kennt mich nicht mehr!« Zora machte immer noch keine Anstalten, näher zu kommen.

»Lass ihr Zeit. Ihr steckt der Unfall genauso in den Knochen wie dir. Und erzähl mir jetzt nicht, dass du alles längst vergessen hast! Ich war an der Unglücksstelle, hab mir alles angeschaut ... weißt du, was für ein Glück du gehabt hast?«

Lilly nickte. Wie oft hatte sie diese Worte in der Vergangenheit schon gehört. Paul hatte sie wieder und wieder gesagt, als er sie im Krankenhaus besucht hatte. Er hatte ihr Bilder gezeigt von dem Abgang der Schlammlawine. Offensichtlich hatte Lilly weit genug am Rand gestanden, sonst hätte sie das Unglück nicht überlebt. So war sie »nur« mit dem Hang abgerutscht und dabei mit dem Bein an einer Felskante hängen geblieben.

»Zora ist doch nichts passiert. Deswegen ist sie nicht

so.« Lilly schaute Matayo fragend an. »Was hat Meryam mit ihr gemacht?«

Der schüttelte den Kopf.

»Es ist nicht so, wie du denkst.« Frieda stellte die Schubkarre ab. »Wie geht es dir? Schön, dass du wieder auf den Beinen bist! Dann kannst du hier gleich helfen«, ulkte sie und knuffte Lilly in die Seite.

»Prima. Die Physio hat mir Bewegung verordnet ...«, versuchte es Lilly ebenfalls mit einem Scherz. In Wahrheit war ihr hundeelend zumute. »Was ist hier vorgefallen?«

»Also gut. Aber nicht hier.« Frieda wechselte mit Matayo einen raschen Blick und schaute sich um. Sie zogen Lilly mit sich in die Futterkammer.

»Nachdem Eve den Krankenwagen gerufen hatte und du in Sicherheit warst, hat sie Zora zurück auf den Hof geführt.«

»Sie hat was?«

»Du hast richtig gehört. Ganz vertraut wirkte das. Nach all der Aufregung hätte man meinen können, die Stute wäre völlig durcheinander. Eve hat mit ihr geredet, ihr beruhigend den Hals geklopft. So wie du das sonst immer machst.«

»Ihr redet jetzt nicht von meiner Schwester?!« Lilly guckte ungläubig von einem zum anderen. »Ich erkenne sie nicht wieder!«

»Ich bin den beiden entgegengelaufen«, erzählte Frieda weiter. »Wir waren ja in großer Sorge um euch. Und ich war so erleichtert, als ich hörte, dass du ... überlebt hattest. Und Zora schien auch nichts passiert zu sein. Ich habe sie sofort untersucht und ein paar Schritte traben lassen.«

»Was geschah dann?« Atemlos folgte Lilly Friedas Bericht. Zora hatte sich von Eve führen lassen! Sie konnte es immer noch nicht glauben.

Als ihre Mutter noch lebte, waren Lilly, Eve und Zora unzertrennlich gewesen. Doch dann hatte Eve ihre Pferdehaarallergie bekommen und um den Stall einen großen Bogen gemacht. Seitdem gab es nur noch Lilly und Zora, auch wenn sie manchmal das Gefühl hatte, die Stute würde Eve vermissen. Denn jedes Mal, wenn sie am Hauseingang vorbeiritten oder ihnen Eve auf dem Fahrrad begegnete, gab Zora dieses sehnsüchtige Wiehern von sich.

»Genau erklären kann ich es auch nicht«, fuhr Frieda fort. »Nur ... in dem Moment, als ich zu den beiden kam, blieb Eve plötzlich stehen. Sie schaute mich an – den Blick werde ich nie vergessen! – und schien mir etwas sagen zu wollen, doch dann lief sie einfach weg und hat seitdem keinen Fuß mehr in den Stall gesetzt. Und Zora ... die habe ich dann nur mit großer Mühe in ihre Box bringen können. Seitdem steht sie da, frisst nichts, lässt niemanden an sich heran.«

»Es war also nicht Meryam.« Lilly wusste nicht, ob sie darüber erleichtert sein sollte oder nicht. Insgeheim hatte sie mit den gemeinsten Trainingsmethoden gerechnet. Meryam traute sie mittlerweile alles zu.

Matayo nickte. »In ein paar Wochen ist das Turnier. Bis dahin brauchen wir eine Wunderheilung.«

»Am besten bist du jetzt ständig in ihrer Nähe und schläfst im Stall. Damit sie sich wieder an dich gewöhnt«, fügte Frieda hinzu.

»Wäre ich damals nur nicht einfach abgehauen.« Lilly

war den Tränen nahe. Es würde Wochen dauern, bis sie wieder reiten konnte. Schon jetzt quälte sie eine unbändige Sehnsucht. Am liebsten hätte sie sich sofort auf Zoras Rücken geschwungen.

»Mach dir keine Vorwürfe!« Frieda schüttelte den Kopf. »Es ist nicht deine Schuld. Glaub mir, ich habe deinem Vater so was von meine Meinung gesagt, als du im Krankenhaus lagst. Wenn er dich nicht so unter Druck gesetzt hätte, wärst du schließlich nicht weggelaufen. Ich glaube, manchmal vergisst er, dass du erst vierzehn bist und trotzdem auf dem Hof schuftest wie niemand sonst.«

»Der Hof ist nun mal mein Ein und Alles«, beharrte Lilly. »Wenn ich das Turnier nicht gewinne, geht alles den Bach runter.«

Frieda warf einen Blick auf Lillys kaputtes Bein. »Mach es dir nicht so schwer. Du musst nicht alles allein schaffen, Lilly. Wenn du nicht reiten kannst, musst du eben dafür sorgen, dass Zora endlich Meryam akzeptiert.«

»Das sagst du so einfach.«

»Das ist so einfach. Sie ist eine hervorragende Reiterin! Und stell sie nicht immer als Tierquälerin dar. Das ist sie nun wirklich nicht.« Frieda schüttelte den Kopf, dann griff sie nach Lillys Hand. »Ich mag sie auch nicht besonders, da bin ich ehrlich. Aber sie hat ein Händchen für Pferde, bringt ihnen mit Geduld und Geschick ihre Lektionen bei, bildet sie solide aus. Und sie tut ihnen keine Gewalt an, nur weil sie mal mit Sporen reitet!«

Lilly ließ sich nicht umstimmen. »Das sehe ich anders. Sie ist die schlimmste Person, die ich hier auf dem Waldhof jemals erlebt habe. Sie hat Paul voll in der Hand. Sie sät nur Unfrieden, seit dem ersten Tag. Merkst du das nicht? Warum haben denn so viele gekündigt?«

Frieda nickte. »Verstehe ich. Aber bleibt bitte fair! Meryam war und ist gut zu den Pferden und tut alles, damit hier der Laden läuft.«

»Lilly hat recht!«, sprang ihr Matayo zur Seite. »Ich sage es auch nicht gerne: Ich habe mich bei ihr nie sonderlich willkommen gefühlt.«

»Klar. Ich bin ja auch die böse Stiefmutter.«

Erschrocken drehte sich Lilly um. Meryam stand kreidebleich im Türrahmen. In ihr kämpfte und tobte es, das war ihr deutlich anzumerken. Doch anstatt etwas zu sagen, atmete sie nur einmal tief aus, drehte sich um und lief davon.

»Das habt ihr nun davon!« Frieda verzog ihr Gesicht.

»Sie soll Zora endlich in Frieden lassen! Sie hat meiner Mutter gehört und jetzt ist Zora mein Pferd! Warum akzeptiert sie das nicht endlich? Reicht doch, dass sie hier über alles andere bestimmt.« Lilly richtete sich mühsam auf, es brodelte in ihr. Wut, Empörung, Enttäuschung, Traurigkeit, alles auf einmal. Am liebsten hätte sie alles herausgeschrien. Doch dann griff sie nach ihrer Krücke und humpelte davon. Zu Zora in die Box. Wo sie sich ins Stroh fallen ließ und bitterlich weinte.

So vergingen die nächsten Tage, in denen Lilly einfach nur funktionierte. Vormittags Schule, dann Hausaufgaben, zwischendurch Physio, die restlichen Stunden verbrachte sie im Stall. Half, so gut es ging, beim Versorgen der Pferde, gab Reitunterricht und schlief bei Zora im Stroh. Die stand immer noch unbeweglich da, nur hin und wieder trank sie. Sie ließ sich weder von Lilly noch Paul untersuchen, von Grabowski erst recht nicht. Eines Tages tauchte sie endlich wieder ihr Maul in den Hafer.

»Jetzt geht es aufwärts!«, murmelte Lilly glücklich. »Gemeinsam schaffen wir das!« Mit unendlich viel Liebe und Geduld hatte Lilly Zora dazu gebracht, sich dem Futtertrog zu nähern. Lilly hatte den Hafer spielerisch durch ihre Finger gleiten lassen, der Stute vorgemacht, wie man fraß, und ihr dabei alle Zeit der Welt gelassen, sich vorsichtig mit der Situation anzufreunden. Schritt für Schritt. Was früher selbstverständlich war, schien sie plötzlich eine riesige Überwindung zu kosten.

Doch Lilly wusste: Zora brauchte Zeit. Auch wenn es sie im Herzen schmerzte zuzuschauen, wie Zoras lange, wunderschöne Mähne verfilzte und das Fell langsam stumpf und starr vor Schmutz wurde. Alle Lebensfreude schien verflogen, dabei hatte sich die Natur endlich für den Sommer entschieden. Alle redeten nur noch von dem bevorstehenden Turnier, die Umzäunung vom Reitplatz leuchtete den Besuchern frisch gestrichen entgegen und überhaupt grünte und blühte es überall. Dem trostlosen Frühjahr war endlich ein bunter Sommer gefolgt. Nur von Fran fehlte immer noch jegliches Lebenszeichen. In der Schule erzählten sie sich die abenteuerlichsten Geschichten: dass Fran mit Drogen dealte, Geld klaute und zockte, weshalb sie Fran von der Schule geschmissen hätten. Eve schwieg und so wusste niemand etwas Genaues und irgendwann vergaßen sie Fran. Lilly nicht. Sie dachte jeden Tag an sie.

Sie humpelte gerade mit ihrem Tablet unter dem Arm die Stallgasse entlang, da kam Matayo angestürmt.

»Hast du schon gehört? Meryam ist weg.«

»Wie, weg? Heute früh war sie noch da.« Wie immer in jüngster Zeit hatte es ein schweigendes Frühstück gegeben. Eve hatte ausnahmsweise ein Ei gegessen, während Paul missmutig in seiner Kaffeetasse gerührt hatte. Meryam hatte auf ihrem Handy nach den neuesten Meldungen gescrollt und sich dann ein paar Notizen gemacht.

»Sie ist soeben mit Kisten, Lampe und Koffern in ihrem Auto davongerauscht. Sah nicht nach Urlaub aus.«

»Du meinst ...« Lilly holte tief Luft und wusste im ersten Moment nicht, ob sie erleichtert sein sollte oder nicht. Wenn Meryam von heute auf morgen vom Waldhof verschwunden sein sollte, würde das ganz sicher Probleme mit sich bringen, weil die Pferde nun nicht mehr regelmäßig trainiert wurden. Andererseits bedeutete das ... Freiheit.

»Sie ist weg?« Lilly stieß einen Freudenschrei aus. Erschrocken wich Pünktchen zurück, es hatte gerade neugicrig in Lillys Westentasche nach Leckerlis gesucht.

»Sieht so aus ...« Auch Matayo grinste erleichtert. Er musste nicht viel sagen und erklären, Lilly verstand ihn auch so. Wie oft hatte er unter Meryams Kommando leiden müssen.

»Und jetzt?« Lilly schaute ihn fragend an.

»Jetzt müssen wir den Laden am Laufen halten.«

»Mit anderen Worten: Du übernimmst die Ausbildung der jungen Pferde?«

»Das würde euch so passen ...«

Erschrocken drehten sich die beiden um.

»Paul!« Lilly schaute ihren Vater fragend an. »Stimmt es, ist sie ... weg?«

»Ja.« Er wirkte müde und mitgenommen, kein Wunder nach all den Sorgen und Aufregungen der vergangenen Wochen. Doch seine Augen blitzten unternehmungslustig »Und ab heute kümmere ich mich. Aber dazu brauche ich deine Unterstützung. Hilfst du mir? Und du mir auch?« Sein Blick wanderte zwischen Matayo und Lilly hin und her.

»Klar!« Matayo hielt ihm die Hand hin.

Lilly brauchte einen Moment, um zu verstehen, was er da gerade gesagt hatte. Das ging alles so schnell und gleichzeitig war es höchste Zeit. Dann grinste sie von einem Ohr zum anderen. Pünktchen drückte Paul einen Fohlenkuss mitten auf die Nase. Zielgenau.

Auch Frieda wirkte befreit. »Ihre Medaillen werden fehlen ... vielleicht ist es auch eine Chance für den Waldhof, endlich wieder zu seiner altbewährten Philosophie zurückzufinden!«, lautete ihr Kommentar, als sie von den Neuigkeiten erfuhr. »Wird Zeit, dass du wieder in den Sattel kommst, meine Liebe«, fügte sie an Lilly gewandt hinzu.

»Wird Zeit, dass Zora wieder Zora wird«, antwortete Lilly matt. »Solange sie nicht aus ihrer Schockstarre erwacht, werde ich kein anderes Pferd reiten!«

»Sie wird wieder. Ich müsste sie nur endlich behandeln dürfen«, meinte Paul zuversichtlich. »Sie frisst nicht, richtig? Hast du gesehen, sie kann kaum ihren Hals bewegen. Sieht mir nach einer starken Zerrung aus, wenn nicht sogar ein Wirbel verschoben ist. Hast du mal gefühlt?«

»Sie lässt sich nicht anfassen und ich habe es respektiert ...«, murmelte Lilly.

»Komm, führe sie in die Reithalle, einen Versuch ist es wert! Gemeinsam sollten wir ihr Vertrauen zurückbekommen. Wir haben lange genug ihr Verhalten respektiert. Jetzt braucht sie unsere Hilfe.« Paul wirkte entschlossen.

Zaghaft legte Lilly Zora das Halfter um. Als hätte sie verstanden, ließ es die Stute geschehen. Schritt für Schritt, wackelig und sehr langsam zwar, aber sie lief ihr hinterher. In der Halle dann blieben sie stehen und Paul tastete Beine und Wirbel ab, ohne dass sie auch nur einmal zuckte.

»Festhalten«, meinte er und zog ihr das rechte Hinterbein lang. »Ein Stück im Schritt gehen. Komm, Matayo, mach du, das geht zügiger als Lilly mit ihrem Humpelbein«, kommandierte er und erstaunlicherweise gehorchte Zora auch diesmal. Matayo griff nach dem Führstrick und Zora lief einfach mit ihm mit. Als hätte sie nur darauf gewartet, dass jemand sie von den schmerzenden Blockaden befreite, und nun dankbar dafür wäre. Lilly verfolgte mit Tränen in den Augen, wie ihr Vater jetzt bei Zora erst die Hinterbeine und dann den Rücken Wirbel für Wirbel mit Druckpunktmassage bearbeitete. Immer mal wieder setzte er kleine Impulse und Stöße, immer mal wieder lief Matayo zwischendurch ein paar Schritte mit ihr und jedes Mal schien es Zora besser zu gehen.

»Das hier ist steif wie ein Brett. Mann, Mann, Mann«, meinte Paul und versuchte vorsichtig, Zoras Hals zum Bauch zu dehnen, doch Zora zuckte zurück. Behutsam tastete er die Halswirbelsäule entlang. Offensichtlich hatte er den blockierten Wirbel gefunden, denn auf seinen Impuls hin sprang Zora zurück, lief dann mit Matayo brav ein paar Meter und ließ dabei den Hals deutlich tiefer hängen als zuvor. Irgendwann äppelte sie sogar wieder, ein gutes Zeichen, und als Lilly ihr einen Wassereimer hinhielt, soff sie ihn beinah in einem Zug leer.

»Die hatte einfach zu lange Schmerzen, deswegen hat sich alles verkrampft. Der Darm reagiert bei Pferden als Erstes ...« Paul wirkte sichtbar zufrieden und vor allem erleichtert über den Erfolg seiner Behandlung. »Grabowski soll ein Antibiotikum verschreiben, damit die Entzündung der Nerven schneller abheilt. Ansonsten wird sie sich jetzt hoffentlich rasch erholen.«

Matayo hatte Zora mittlerweile vom Führstück losgemacht. Er legte Lilly tröstend den Arm um die Schulter. »Das wird wieder, wirst schon sehen. Schau, sie läuft wie befreit! Zora ist zäh. Und stark. Wie du.«

»Warum hat sie mich nicht mehr an sich herangelassen? Das verstehe ich nicht!«

»Quäl dich nicht mit dieser Frage, Lilly«, riet Paul. »Ihr standet beide unter Schock. Freu dich lieber darüber, dass es ihr so viel besser geht. Matayo hat recht, sie wird sich rasch erholen, dessen bin ich mir sicher.« Paul lächelte Lilly an. »Wir haben einiges aufzuholen.«

Alles hätte also wieder in bester Ordnung sein können, würde Lilly nicht auf schmerzliche Weise Fran vermissen. Sie war wie vom Erdboden verschwunden und meldete sich einfach nicht. In der Schule galt sie mittlerweile als entschuldigt, aber niemand sprach über die Gründe, was vielleicht auch ganz gut war. Sie kannte die Hyänen. Als Lilly sich auf Spurensuche im Netz begab, entdeckte sie eine Reihe von fiesen Bemerkungen und Kommentaren über Trans*personen. Kein Wunder, dass Fran so lang gezögert hatte, sich anderen anzuvertrauen.

Die Videos hingegen, die Eve seit Neuestem online stellte, hatten eine andere Qualität bekommen. Als wäre sie selbst von all dem Beautykram gelangweilt, spickte sie ihre Tipps immer wieder mal mit kritischen Kommentaren und wies darauf hin, dass die von ihr verwendeten Produkte vegan und ohne Tierversuche waren. Auch ihr Ton war weniger schnippisch, als hätte sie Kreide geschluckt wie der Wolf in dem Märchen mit den sieben Geißlein. Natürlich bemerkten das auch ihre Werbepartner:innen und Abonnent:innen. Die Klickzahlen gingen zurück und wie einst im Winter schien Eves Stern am Influencer:innen-Himmel zu sinken. Nur im Gegensatz zu damals machte ihr das diesmal nichts aus.

»Es fühlt sich viel besser an, ehrlich zu sein«, meinte sie zu Lilly, da standen sie wieder einmal abends in der Küche und kümmerten sich gemeinsam um Abwasch und Aufräumen. Paul hatte sich ins Arbeitszimmer verzogen, um mit der Steuerberaterin den Geschäftsbericht durchzugehen. Meryams Weggang schien ihm weniger auszumachen, als seine Töchter befürchtet hatten. Doch im täglichen Ablauf des Reit- und Zuchtbetriebes hinterließ sie eine große Lücke. Bisher war es auch noch nicht gelungen, eine neue Bereiterin einzustellen, und deswegen war Paul wieder öfters im Sattel anzutreffen. Sehr zur Freude von Frieda und Matayo.

»Das stimmt«, meinte Lilly versonnen und schrubbte gedankenverloren an der Pfanne herum. Sie hatte die ganze Zeit über nur an Fran denken können und versucht, sich ihr letztes Gespräch mit ihr in Erinnerung zu rufen. Was würde sie darum geben, wenn sie plötzlich wieder vor ihr stünde?

»Du vermisst sie sehr, oder?«, fragte Eve, der Lillys trauriges Gesicht nicht entgangen war. »Ich bin mir sicher, sie denkt genauso oft an dich wie du an sie. Ganz bestimmt meldet sie sich bald bei dir.« Eve legte ihr tröstend den Arm um die Schulter.

Überrascht schaute Lilly ihre Schwester an. Seit wann interessierte die sich für ihre Gefühle?

»Ja«, antwortete sie schlicht. »Und diese Ungewissheit, nicht zu wissen, wo sie steckt, wie es ihr geht, macht mich ganz krank.«

»Das verstehe ich …« Eve nickte. »Es ist nicht einfach gerade, oder? Alles ist so … unsicher. Nichts ist mehr so, wie es einmal war. Mir geht es ganz genauso.«

»Dir?« Lilly schaute ihre Schwester verwundert an. »Ich dachte immer, in deiner heilen Beautywelt ist immer alles ganz wunderschön und blinkyblinky!«

»Du meinst, weil man alles rosarot überpudern kann, was einem nicht gefällt? Wenn es nur so einfach wäre. Wissen doch längst alle, dass das alles Fake News unter Verwendung von unzähligen Filtern sind.«

»Du profitierst davon!«

»Mag sein. Es fühlt sich schon lange nicht mehr gut und richtig an.« Eve schüttelte den Kopf. »In letzter Zeit muss ich oft darüber nachdenken. Die alten Werbepartnerschaften habe ich gekündigt … es gibt bereits neue Interessierte.« Sie grinste schief.

»Wie wäre es mit anderen Inhalten?«

»Und wer will die sehen? Du glaubst doch selbst nicht,

dass ich mit echten Fotos von mir Follower generiere? Du weißt doch, jeder Klick bedeutet Geld! Die wollen alle die perfekte Prinzessin bewundern, die sich für den Traumprinzen aufrüscht, Märchenhochzeit inklusive. Niemand will meine Pickel und Cellulite sehen! Oder meinen Wabbelbauch!« Eve grinste.

»Und was ist mit den Mädchen, die ganz genauso echt sind wie du und ich? Wir sind doch ganz viele … und so ändert sich nie was.« Lilly seufzte. »Wahrscheinlich hast du recht. Alle sehnen sich nach schönen Dingen. Mit Ehrlichkeit kommst du im Netz nicht weit …«

»Vielleicht habe ich da eine Idee«, meinte Eve vielsagend. »Noch bin ich nicht so weit.«

Nachdenklich löschte Lilly das Licht, bevor sie hinüber in den Stall humpelte, um bei Zora zu übernachten. Seit Pauls Behandlung ging es ihr von Tag zu Tag besser und als Lilly an diesem Abend die Box betrat, wieherte sie ihr entgegen. Wie früher.

Lilly traten vor Freude die Tränen in die Augen, erleichtert schlang sie die Arme um den Hals der geliebten Stute.

»Alles wird gut, wirst schon sehen«, murmelte sie in Zoras Mähne, die immer noch nicht verzogen und gekämmt war. Was die Fellpflege betraf, hatten sie noch einiges vor sich. Egal. Hauptsache, Zora ließ sie wieder an sich heran.

In dieser Nacht legte sich Zora zum ersten Mal seit Wochen wieder zum Schlafen neben Lilly ins Stroh. Seite an Seite schliefen sie ein und bemerkten nicht, wie sich mitten in der Nacht noch jemand zu ihnen gesellte.

Liebe Ana,

ich bin gekommen, um zu bleiben. Nichts und niemand wird mir je wieder sagen, was ich tun und lassen soll. Papa hätte gewollt, dass ich nicht aufgebe. Dass ich kämpfe. Dass ich die werde, die ich bin.

Omi hat mich nur widerwillig gehen lassen, aber sicher hat sie auch längst schon wieder vergessen, dass ich bei ihr zu Besuch war. Leider. Zum Glück. Sonst wäre alles noch dramatischer, als es so schon ist.

Doktor Lutze hat mit Mutter geredet. Am Telefon. Fast zwei Stunden lang. Und ich bin ihr so dankbar. Wenn alles gut geht, bekomme ich ihre Unterschrift und kann mit der Therapie endlich weitermachen, drück mir die Daumen. Ich habe Angst, mit Mutter zu reden, wirklich zu reden. Sie ist mir so fremd geworden in den letzten Wochen und Monaten und ich habe keine Ahnung, wie ich jemals mit ihr friedvoll unter einem Dach leben soll.

Ich muss es probieren, oder? Und ich weiß, Eve und Lilly helfen mir dabei. Und Zora.

Hoffnungsfroh, Fran

Sonne im Gesicht

Was machst du hier?«, murmelte Lilly, als sie ihren Atem spürte. Zora begrüßte Fran mit einem Nasenstüber.

»Bei dir sein«, murmelte Fran zurück und rückte ein Stück näher an die beiden heran. Wie gut tat es, sie zu spüren! Wie sehr hatte sie sie vermisst. Den vertrauten Fran-Geruch in der Nase, schmiegte sie sich an sie, kein Strohhalm passte zwischen die beiden, still lagen sie da. So viele Fragen und doch bedurfte es keiner Worte.

Nur eine Sache brannte Lilly auf der Seele.

»Wo warst du?«, fragte Lilly und blinzelte Fran an. Der Mond schimmerte durch das Stallfenster zu ihnen herein und tauchte alles in ein sanftes Licht. »Bist du okay?«

Fran nickte. »Ja, mach dir keine Sorgen. Und du, bist du auch okay? Ich habe gehört, was passiert ist ... tut mir leid, dass ich nicht da war. Ich musste etwas klären. Etwas, das mich schon lange belastet hat. Höchste Zeit. Weißt du, was? *Du* hast mir die Kraft dazu gegeben! Und Zora.«

»Ich?« Lilly rückte ein Stück von Fran ab, um sie besser sehen zu können. Wie schön sie war! Fran lag mit geschlossenen Augen da und sprach jetzt wie zu sich selbst in die Dunkelheit hinein. Vielleicht tat die Dunkelheit auch gut, da sprach es sich leichter, das wusste Lilly aus eigener Erfahrung.

»Weißt du ... meine Mutter kann einfach nicht verstehen, was mit mir los ist. Als ich ihr damals zum ersten Mal gesagt habe, dass ich ein Mädchen und kein Junge bin, ist für sie eine Welt zusammengebrochen. Sie wollte es einfach nicht wahrhaben! Mutter hat alles dafür getan, damit ich wie ein echter Junge aufwachse. Was hat sie mir nicht alles gekauft: Skateboard und Baggy Pants, Fußballtrikots, BMX-Rad, Playstation, alles, was in der Spielzeugabteilung unter dem Label ›Jungs‹ läuft und im Regal bei Männerduschzeug steht. Dabei ist das doch völlig egal, was du dir von außen aufsprühst, wenn du es innen drin nicht fühlst.«

»Als ich kleiner war, haben Eve und ich oft Verkleiden gespielt. Ich war der Diener und sie die Prinzessin – was sonst! Damals hatten wir eine Ponykutsche ...«

Die Ponys! Max und Moritz. Lilly schluckte.

»Was ist?« Fran schaute sie an. »Ich kann mir schon denken: Du hast Eve immer mit deinem Pferd gerettet und bist mit ihr davongaloppiert. Aus dem Turm vor dem bösen Drachen, vor der Stiefmutter, dem Wolf ... und in eurer Märchenwelt gab es klare Rollen. Nach dem Motto: und wenn sie nicht gestorben sind ...«

»Genau so war es.« Lilly schüttelte sich, als wolle sie schnell die Erinnerung zur Seite wischen.

»Komm.« Fran kuschelte sich noch enger an Lilly heran. Ganz warm und gemütlich hatten es die beiden jetzt.

»Meine Schwester Ana und ich haben auch oft Verkleiden gespielt. Mit dem Unterschied, dass es bei mir jedes Mal ein riesiges Theater gab, wenn ich Prinzessin sein wollte! Das darfst du nicht, du wirst schwul, du bist doch kein Mädchen ... Papa dagegen hat mich im rosa Kleid in den Kindergarten gebracht. Aber meine Mutter ist jedes Mal ausgerastet! Sie hatte Angst, dass ich gemobbt werde und so weiter. Natürlich gab es Stress mit den anderen. Nicht mit den Kindern, sondern mit den Erzieherinnen und Lehrerinnen und den anderen Eltern ... furchtbar!«

»Das kann ich mir vorstellen. Erwachsene können so spießig und engstirnig sein ... denk nur an Meryam.« Lilly seufzte bei der Erinnerung an das strikte Regiment, mit dem sie über den Hof bestimmt hatte.

»Ich habe immer gedacht, mit mir stimmt etwas nicht. Ich wäre falsch. Egal, was ich getan habe, ich konnte es ihr nie recht machen ...«

»Das Gefühl kenne ich!«, warf Lilly ein. »Von Paul!«

»Ich dachte, ihr versteht euch so gut?«

»Was? Wie kommst du darauf? Nein! Er hat immer etwas an mir auszusetzen, ich kann es ihm auch nie recht machen.« Lilly schluckte. Seit dem Unglück mit den Ponys war es so. »Egal, wie gut ich reite, ob ich auf einem Turnier erfolgreich war oder bei einer Fohlengeburt geholfen habe. Es ist schrecklich, wenn sie ständig an dir herummeckern und dich kritisieren, egal, was du tust«, fügte Lilly hinzu. Vielleicht hatte Frieda recht gehabt mit ihrer Bemerkung – Paul lud Lilly einfach zu viel Verantwortung auf. Gleichzeitig fiel es ihr schwer, Hilfe anzunehmen oder Pause zu machen. Schließlich war der Hof ihr Ein und Alles!

»Das kenne ich. Meine Mutter hat auch immer etwas zu meckern.« Frans Stimme klang belegt, wie kurz vorm Heulen, als sie weitersprach. »Du fühlst dich schlecht, schuldig, es strudelt dich jeden Tag. Jedes Mal, wenn du in den Spiegel schaust, fragst du dich, wer das ist, der dich da anguckt. Wer bin ich? Wer denkt mich? Wie soll ich sein?«

»So schlimm?«

»Schlimmer.«

Lange Zeit lagen sie eng umschlungen da. Lilly versuchte, in sich hineinzuspüren, woher sie selbst *wusste*, dass sie ein Mädchen war. Von außen entsprach Lilly den Darstellungen von Mädchen im Biobuch, lange Haare, Brüste. Wenn Lilly nackt vor dem Spiegel stand, sah man, dass diese in den letzten Wochen gewachsen waren und demnächst noch größer werden sollten. Der Venushügel, Vulva samt Schamlippen zwischen den Beinen ... oft schon hatte sich Lilly mit dem Spiegel in der Hand untersucht, nachgeschaut, wie sie »da unten« aussah, und sich wunderschön gefunden. Mit dem Finger nachgespürt und getastet. Das kleine Perlchen so lange gestreichelt, bis sie vor lauter Kribbeln und Entzücken lustvoll explodiert war. Aber das war nicht das, was Fran meinte. Lilly fühlte und spürte sich eindeutig als Mädchen. Es war einfach so. Anders als Fran hatte sie nie daran gezweifelt, selbst wenn sie für Eve in die Rolle des Prinzen geschlüpft war. Das war ihre Identität, so war sie, das Mädchensein gehörte zu ihr ebenso wie Zora und die Pferde, ohne die sie sich ein Leben nicht vorstellen konnte. Was wäre sie ohne ihren vertrauten Geruch in der Nase, die Haare auf dem

Pulli, den Dreck unter den Fingernägeln. Das Schnauben und Hufescharren! Ohne das atemberaubende Gefühl der Freiheit, wenn sie auf Zoras Rücken über das Feld galoppierte.

Eher hatte Lilly immer Zweifel an ihrem eigenen Selbstbewusstsein gehabt, sich nicht wertgeschätzt und erst recht nicht geliebt gefühlt. Eben weil sie so pferdeverrückt war und so ganz anders als die anderen in ihrer Klasse. Nur allzu deutlich klangen ihr die Sprüche und Anspielungen ihrer Mitschüler:innen noch im Ohr. Weil ihr der Stallgeruch anhaftete und weil sie nicht so aussah wie die anderen Mädchen in ihrem Jahrgang. Weil Eve mit ihrer Schönheit sämtliche Aufmerksamkeit auf sich zog und Lilly sich neben ihr immer wie das hässliche Entlein fühlte.

»Du bist ganz richtig«, flüsterte Lilly Fran ins Ohr. »Ich hab dich lieb, so, wie du bist! Du musst dich nicht allein fühlen, du hast jetzt mich.«

»Danke.« Fran drückte Lillys Hand. »Seit Papa nicht mehr da ist, ist alles so kompliziert geworden. Er hat mich immer in allem unterstützt. Papa wollte, dass ich glücklich bin!«

»Woran ist er gestorben?«, fragte Lilly behutsam nach.

»Krebs. Der von der üblen Sorte, bei dem alles ganz schnell geht. Arztbesuch, Diagnose, Tod.«

»Wie schrecklich.« Lilly lief ein Schauer über den Rücken. Wie bei Iris.

»Deswegen seid ihr nicht umgezogen?«

»Mutter wollte einen Neuanfang. Die beiden hatten schon lange Stress miteinander. Auch wenn sie es nie so gesagt haben, sie haben ständig wegen mir gestritten.

Mutter wollte, dass mich Papa wie einen richtigen Jungen erzieht. Stattdessen hat er mit mir rosa Cakepops gebacken und bunte Stifte für Bullet-Journaling gekauft … du kannst dir denken, was da immer los war! Papa war es auch, der mit mir zu einer Beratung gegangen ist und Doktor Lutze kontaktiert hat. Er hat alles dafür getan, um mich in meiner Persönlichkeit zu bestärken! Dank ihm hatte ich Gespräche mit Psychologen und Ärztinnen. Und ein Rezept für die Hormonblocker.«

»Und deine Mutter hat das nicht gewollt!«, stellte Lilly fest. »Wie Mittelalter ist das denn! Was ist das für eine Mutter!«

»Sie ist ja nicht die Einzige! Irgendwer aus meinem Jahrgang hat Wind von der Sache bekommen und nichts Besseres zu tun gehabt, als mich zu outen.«

»Niemand hat zu dir gehalten?«

»Doch. Ganz viele. Für die meisten war es okay und überhaupt kein Thema. Die haben nur kurz aufgeschaut, mir auf die Schulter geklopft und alles war wie vorher. Ich war so erleichtert! Endlich brauchte ich mich nicht mehr zu verstecken …«

»Dann hat irgendein Idiot dir das Leben zur Hölle gemacht, stimmt's? Einer reicht.«

»Genau so war es. Matze. Der war mal mein bester Kumpel und ich hatte ihm anvertraut, dass ich ein Mädchen und kein Junge bin. Ich dachte, er versteht mich. Matze wusste ganz genau, wie sehr ich darunter leide, dass ich diesen …«, ihre Stimmte kippte für einen Moment, »… diesen P habe, und lange Zeit war das kein Thema zwischen uns. Eines Tages dann nach dem Fußballtraining ...« Frans Stimme brach erneut und Lilly drückte ihre Hand. »... da haben sie in der Kabine über mich gelacht, ich wusste erst nicht, warum. Bis Matze und die anderen gerufen haben, ich sei ja ein Mädchen und hätte in der Jungsmannschaft nichts zu suchen. So weit, so gut, dachte ich, dann bin ich endlich raus und kann meine Sachen packen und gehen. Aber sie haben mich nicht gehen lassen. Sie haben ... sie haben mich gezwungen, ihnen meinen P zu zeigen. Danach bin ich nie wieder ins Fußballtraining.«

»Wie schrecklich!« Lilly fehlten die Worte.

»In der Schule war ich Gesprächsthema Nummer eins, du kannst dir denken, warum. Papa wollte zu den Lehrerinnen und Lehrern gehen, mit ihnen sprechen ... dann wurde er krank und es ging ihm von Tag zu Tag schlechter. Als er ins Krankenhaus kam, hatte ich niemanden mehr, mit dem ich reden konnte, da ... da war ich so verzweifelt, das lässt sich gar nicht in Worte fassen.«

Berührt hatte Lilly Frans Geschichte zu Ende gehört. Sie mochte sich nicht vorstellen, was sie alles hatte durchmachen müssen.

»Erzähl mir von nun an alles, ja? Damit du dich nie wieder allein fühlen musst!« Sie küsste Fran auf den Mund, sanft, ganz sanft nur, besiegelte ihr Versprechen. Mit einem glücklichen Lächeln zog sie Fran in ihre Arme und dicht ineinander verknäult schliefen die beiden endlich ein. Fran war einen Kopf größer als Lilly und doch hatte Lilly das Gefühl, sie müsse Fran beschützen. Damit nie wieder jemand sie verletzen würde und sie so sein durfte, wie sie wollte. Goldrichtig.

Als Frieda am nächsten Morgen an Zoras Box vorüberlief, staunte sie nicht schlecht. Längst war sie ja daran gewöhnt, dass Lilly bei ihrer Stute übernachtete. Dass Fran sich dazugesellt hatte, überraschte sie dann doch. Grinsend wandte sie sich ab und wollte so leise wie möglich mit der morgendlichen Fütterung beginnen. Ein Ding der Unmöglichkeit, denn Wotan, Frodo und die anderen schnaubten und scharrten aufgeregt mit den Hufen. Da dauerte es nicht lang, bis Lilly und Fran verschlafen den Kopf hoben und schließlich auf die Beine kamen. Auch Zora stand auf, vorsichtig, um die beiden jungen Menschen nicht zu stören, die sich jetzt gegenüberstanden und an den Händen fassten, sich verschwörerisch zulächelten. *Was immer auch passieren wird, wir gehören zusammen,* sollte das bedeuten. Die ganze Nacht lang hatten sie durchgequatscht, sich gegenseitig aus ihrem Leben erzählt, ihre Geheimnisse für immer miteinander geteilt.

»Komm, wir helfen Frieda!«, meinte Fran. Sie wartete gar nicht lange Lillys Antwort ab, sondern griff sofort zu den Eimern. Als Erstes fütterte sie Zora, die zu Lillys Erleichterung sofort ihr Maul in den Hafer tunkte.

»Alles wird gut!« Fran grinste von einem Ohr zum anderen. Glücklich sah sie aus, etwas verschlafen und zerzaust, und ihre Augen strahlten. Als würde sie zum ersten Mal alles ganz klar sehen.

»Jetzt muss Zora nur noch wieder fit werden ... in ein paar Tagen ist das Turnier! Ich weiß gar nicht, wie das gehen soll. Wir brauchen die Prämie, sonst sind wir verloren«, meinte Lilly seufzend.

Fran klopfte Zora den Hals und ließ ihre Finger durch

die Mähne gleiten. »Bäh! Die muss auch mal wieder gewaschen werden!« Sie pulte sich die Dreckröllchen von den Handflächen, wischte sie an der Hose ab und lief dann Richtung Wohnhaus.

»Wir haben einiges aufzuholen, sag ich doch. Aber mit dem Bein kann ich das glatt vergessen«, murmelte Lilly und verzog schmerzvoll das Gesicht. Längst hatte sie es wieder in den Sattel gezogen, mehr als Schritt war nicht drin gewesen, an Ausreiten nicht zu denken. Schon gar nicht auf Zora, an die nach wie vor kein Herankommen war. Zum Glück war Frodo verständnisvoll genug gewesen und hatte ihr die klumpige Orthese in seiner Flanke verziehen.

»Meinst du, das wird wieder?«, sagte sie mehr zu sich selbst als zu Zora. »Sie sagen, die Knochen wachsen wieder richtig zusammen.«

»Natürlich wird das wieder, was denkst denn du!«

Erstaunt drehte sich Lilly um. »Was machst du hier?«

»Helfen, schätze ich? Frag Fran. Sie meint, ihr könntet meine Hilfe im Stall gut gebrauchen.« Eve lächelte. Dabei wippte ihr Pferdeschwanz leicht hin und her. Gehörte das etwa zu ihrem neuen Image?

»Da hat sie recht! Komm, pack mit an. Wir müssen Zora eine Schönheitskur verpassen. Denke, damit kennst du dich aus?!«

Zur Antwort streckte Eve ihr die Zunge heraus, machte sich dann wie selbstverständlich daran, Zora das Halfter umzulegen und draußen auf dem Putzplatz anzubinden. Die Stute nutzte die Gelegenheit, um an Eve herumzuschnubbeln und ihre Taschen nach etwas Essbarem zu durchsuchen, was diese lachend gewährte. Lilly traute ihren Augen kaum.

»Ich hol Eimer und Shampoo!«, meinte Fran, die hinter Eve aufgetaucht war, und lief Richtung Sattelkammer.

»Und deine Allergie? Die Prinzessin putzt heute selbst und lässt das nicht ihre Diener machen? Echt jetzt?« Lilly schaute ihre Schwester ungläubig an.

Ein Blick, ein Lächeln genügte.

»Echt! Die Prinzessin hat kapiert, dass sie lieber eine Königin ist, denn eine Königin hat die Macht! Und hier draußen an der Luft wird das schon gehen ...«

»Das sind ja tolle Aussichten!« Lilly grinste breit. »Denk bloß nicht, dass du jetzt hier im Stall das Sagen hast, nur weil du einmal mitmachst. Frieda ist der Boss. Und Matayo natürlich ...«

»Matayo ...«

Täuschte sich Lilly oder lief ihre Schwester rot an? Also doch. Da hätte sich Matayo in den letzten Wochen und Monaten nicht mit Liebeskummer plagen müssen.

»Ich übernehme Mähne und Schweif«, meinte Fran. »Ich liebe Frisurenmachen ... Und Zora hat wunderschöne Haare ...«

»Ich kümmere mich um die Hufe! Höchste Zeit für eine gescheite Maniküre«, erwiderte Eve.

»Bleibt für mich: Gesichtspflege!« Lilly griff nach einem weichen Tuch und begann, Zoras Augen und Nüstern zu reinigen. Sehr sanft machte sie das, bloß nicht wieder die Stute verstören. Diesmal hielt Zora still. Sie schien die Berührungen zu genießen und ließ entspannt den Hals hängen. Als hätte sie lange darauf gewartet, von drei Mädchen gleichzeitig von Kopf bis Fuß gewaschen und umsorgt zu werden. Es war, als würden sie wie mit einem Ritual alle gemeinsam einen Viererbund beschließen. Als Zora Lilly ins Gesicht pustete, wusste sie, dass ihr Märchen ein Happy End haben würde.

Liebe Ana,

ich bin so froh. Knallvergnügt! Alles ist leicht und wunderbar. Zum allerallersten Mal in meinem Leben fühle ich mich richtig. Keine Zweifel. Endlich kann ich vor allen anderen zu mir stehen. Alles ist so, wie es sein soll. Wer hätte das noch vor einem halben Jahr gedacht? Ohne Lilly und Eve hätte ich das nicht geschafft! Die beiden denken, sie wären so krass unterschiedlich. Sind sie nicht! Sie stecken beide voller Liebe, die eine so, die andere so. Trotzdem ist da immer noch dieses Fragezeichen. Irgendetwas muss passiert sein. Bevor ihre Mutter gestorben ist. Nicht umsonst hat Eve ihre kleine Schwester jahrelang gepiesackt. Und Paul ... aus dem werde ich auch nicht schlau. Er lebt nur für seine Pferde und hat es trotzdem zugelassen, dass jemand wie Meryam seinen Hof dominiert. Aber sie ist weg. Und alles blüht auf. Echt jetzt! Die ganze Reitanlage, die Wiesen und Äcker drum herum sehen aus, als ob sie jemand sorgsam mit dem Pinsel koloriert hätte. Wie bei Bridgerton, erinnerst du dich? Da ist auch alles so wunderschön märchenhaft! Genauso musst du dir den Waldhof vorstellen, ich habe ihn schon mehrfach gezeichnet. Knallbunt. Und mich als glückliche Fran dazu. Meine Haare sind gewachsen, ich muss sie sogar mit Spängchen festklammern, sonst würden sie mir ständig ins Gesicht fallen. Seit Neustem trage ich auch Wimperntusche und Lipgloss. Und meine Hüften werden auch runder. Nur Brüste habe ich noch nicht ... dafür hat sich der P beruhigt. Endlich!

Überglücklich, Fran

PS: Papa hatte übrigens unrecht: Manchmal ist aufgeben doch eine Option. Nur wenn ich meine Rolle als Junge aufgebe, kann ich als Mädchen leben.

(K)eine Chance

Das Turnier reitet Matayo, der kennt sich am besten mit Zora aus«, meinte Paul, als sie am Weidezaun standen und Wotan beobachteten, wie er vor lauter Lust an der Freude umhergaloppierte. Stolz und mit erhobenem Schweif, ein bildschöner Hengst und der Schwarm aller Stuten. Jeder, der ihn beobachtete, verstand sofort, warum.

»Zora und Matayo?« Lilly schüttelte den Kopf. »Kann er nicht einfach Frodo nehmen?«

»Frodo ist noch nicht so weit, seine Passage … Nein«, antwortete Paul. »Wenn wir eine Chance haben, dann nur mit Zora. Mein Entschluss steht fest. Matayo weiß schon Bescheid.«

Der war jedoch alles andere als begeistert darüber, dass er Zora im Dressurviereck präsentieren sollte.

»Wie stellt Paul sich das vor? Nur weil sie sich neulich von mir hat führen lassen …«, empörte er sich, als er mit Lilly gemeinsam Shakira für den Reitunterricht fertig machte. Ihre Besitzerin hatte eine Einzelreitstunde gebucht.

»Du kannst es … ich habe dich neulich dabei beobachtet,

wie du mit Frodo trainiert hast. Und Pippin hat unter dir den versammelten Galopp gelernt. Warum also nicht auch Zora?« Lilly schob Shakira das Gebiss ins Maul, wie immer wehrte sie sich dagegen, tänzelte herum und hob den Kopf. Kein Wunder, dass ihre Besitzerin sie nicht selbst auftrensen wollte. Lilly wäre nicht Lilly, hätte sie nicht ihre Tricks auf Lager. Es kostete sie zwar einige Versuche, vor allem mit der Orthese als Klotz am Bein. Schließlich hatte sie es geschafft. Shakira schnaubte und drehte sich zu Pünktchen um, das neugierig herangelaufen war. Auf seinem Rücken saß Minerva, die Stallkatze und Pünktchens neueste Flamme. Nachdem Bob nicht mehr von der Weide herunterzubekommen war und sich eine ordentliche Graswampe angefressen hatte, hatte sich Pünktchen auf die Suche nach neuen Bekanntschaften gemacht. Und Minerva genoss es sichtlich, auf diese Weise die Welt zu erkunden.

»Na, ihr zwei!« Lilly kraulte Pünktchen zur Begrüßung herzlich durch. »Lange nicht mehr gesehen! Kommst du mit zu Zora?« Statt seine Antwort abzuwarten, humpelte sie in den Stall, wo Zora in ihrer Box stand und vor sich hin döste. Die Sonne schimmerte durch die Stallfenster herein und ließ die Staubkörnchen funkeln. Auch Zora schien zu strahlen, ihr Fell glänzte rotgolden von erhabener Schönheit.

»Du bist etwas ganz Besonderes ...«, murmelte Lilly und umarmte ihre Stute innig. »Und ich bin froh, dass es dir wieder besser geht. Und du musst dich bitte, bitte von Matayo reiten lassen, versprochen? Wir werden das gleich mal ausprobieren. Komm, gehen wir auf den Reitplatz ...«

In der Stallgasse wieherte Pünktchen Zora freudig entgegen, Minerva hatte inzwischen das Weite gesucht. Als wolle es von der großen, schönen Stute etwas lernen, achtete Pünktchen genau auf ihre Haltung und marschierte ihr hinterher.

»Na, dann pass mal jetzt gut auf! Du bekommst eine Extravorführung in Sachen Dressur!«, meinte Lilly lachend und bedeutete Matayo, zu ihnen zu kommen. Doch als dieser Zora den Sattel auflegen wollte, wich sie zurück und hob warnend den Hinterhuf.

»Das hat doch keinen Sinn!« Matayo schüttelte den Kopf. »Sie denkt, ich komme wieder mit dem Staubsauger ...«

»Wir kriegen das schon hin.« Lilly blieb entspannt und hatte Matayo an der Hand gefasst.

»Du weißt ganz genau, dass mich Zora nie im Leben auf ihrem Rücken dulden wird.«

»Lass ihr Zeit!«

»Die haben wir nicht. Das Turnier ist in einem Monat!«

»Dann brauchst du mehr Geduld.«

»Noch mehr? Wie oft schon habe ich versucht, mit Zora Freundschaft zu schließen! Sie mag mich einfach nicht. Das neulich war die Ausnahme. Akzeptier das doch endlich!« Matayo schüttelte den Kopf.

Inzwischen standen sie mitten auf dem Platz. Pünktchen hatte das Weite gesucht, zu langweilig. Zoras Ohren spielten, als horche sie in sich hinein, kämpfte sie mit sich, ob sie Matayo auf ihrem Rücken dulden wollte. Endlich bequemte sie sich und ließ ihn aufsteigen.

»Siehst du. War doch ganz einfach«, murmelte Lilly und klopfte Zora lobend den Hals. »Gehen wir ein Stück.«

Nachdem sich die Stute weiterhin willig zeigte und Matayo die Zügel aufgegriffen hatte, trat Lilly ein paar Schritte zurück, um die beiden zu beobachten. Matayo machte keine gute Figur, er wirkte unsicher und verkrampft und hing wie ein nasser Sack auf Zoras Rücken.

»So wird das nie was!«, stellte Lilly resigniert fest. »Ihr passt überhaupt nicht zusammen! Das sieht man auf den ersten Blick!«

»Tut mir leid!«, meinte Matayo und sprang ab. Er tätschelte Zora den Hals, bedankte sich bei ihr, dass sie ihn erduldet hatte. »Immerhin ein Anfang ...« Er grinste schief.

»Ich brauche ein glückliches Ende«, meinte Lilly. »Wenn ich nur wüsste, wie ...«

Wer bin ich? Jeden Abend beim Zähneputzen vor dem Spiegel stellte sich Lilly diese Frage. Oft schon in den letzten Tagen, doch noch nie hatte sie eine Antwort gefunden. Seit jener Nacht mit Fran hatte sich alles verändert. Sie hatte sich verändert, im Krankenhaus hatte sie Zeit zum Nachdenken gehabt. Lilly hatte plötzlich viel mehr Fragen, an sich, an Paul, an das Leben. All die Sprüche, Anforderungen und Katastrophen, die von außen auf sie einprasselten – sie schaffte es einfach nicht mehr, in ihre kleine, heile Welt auf dem Waldhof abzutauchen und so zu tun, als ob alles in Ordnung war. Nichts war in Ordnung. Ihre Welt war komplett durcheinandergeraten. Es war, als würde sie sich gerade neu erfinden. Daran waren Fran und ihr verletztes Bein nicht unschuldig, beides hatte ihr Leben verändert.

Bis vor Kurzem waren die Rollen noch klar verteilt gewesen. Es hatte nur Lilly und Eve gegeben, die ungleichen Schwestern, die früher einmal so viel verbunden hatte: ihre Kindheit auf dem Waldhof, ihre Liebe zu Pferden, die gemeinsamen Ausritte mit Zora. Doch all das war durch die täglichen Streitereien in Vergessenheit geraten. Zum ersten Mal seit langer Zeit fragte sich Lilly, wie es zwischen Eve und ihr hätte sein können, wenn dieser schreckliche Unfall sie nicht entzweit hätte.

Und dann fiel es ihr ein. So schnell sie konnte, humpelte sie zu Eve ins Zimmer. Ohne anzuklopfen, öffnete sie die Tür.

»Du musst Zora auf dem Turnier reiten! Du bist die Einzige außer mir, der sie wirklich vertraut. Das war schon immer so!«, rief sie mit Zahnpastaschaum im Mund.

Ihre Schwester saß auf dem Bett und bürstete sich wie Rapunzel die langen Haare.

»Fast so fluffy wie die von Zora«, meinte Lilly und ließ ihre Hände durch Eves blonde Haarpracht gleiten. »Mit dem Unterschied, dass ich die nie im Leben einzeln verlesen würde!«

»Haha!«, meinte Eve und legte die Bürste zu Seite. »Sag das noch mal: Ist das dein Ernst? Ich soll Zora reiten? Und was machst du überhaupt hier? Du hast mich seit Ewigkeiten nicht mehr in meinem Zimmer besucht!«

»Stimmt!« Lilly schaute sich um. »Nicht, seitdem ich einmal in deiner Parfumwolke beinahe erstickt wäre ...« Sie knuffte Eve liebevoll in die Seite und lief zu der Videoecke mit Kamera, Stativ und Ringlicht. Unzählige Tücher, Lichterketten und sonstiger Puschelkram lagen auf dem

Boden verstreut, Päckchen stapelten sich und Cremes und Tuben warteten darauf, ausprobiert zu werden.

»Du hast eine neue Werbepartnerschaft? Sieht nach Naturkosmetik aus.« Lilly öffnete einen Tiegel und schnupperte daran. »Mhm, riecht lecker!«

»Ist aber nicht zum Essen!« Eve grinste. »Ich muss mich neu erfinden, mein Kanal läuft gerade nicht so gut. Zeit also, etwas Neues auszuprobieren. Nachhaltig, vegan, natürlich bio. Wenn das gut ankommt, bekomme ich einen neuen Werbevertrag und soll einen Livestream machen, der Post mit der Schafsmilchseife lief ganz gut. Willst du mal testen?«

»Nein danke«, wehrte Lilly ab. Dann fiel ihr ein, warum sie eigentlich in Eves Zimmer geplatzt war. »Du musst Zora reiten, bitte! Sie hat sich vorhin von dir putzen lassen, ganz ohne Theater. Das gab es noch nie!«

»Ich?« Eve schaute sie entgeistert an. »Am Turniertag soll mein großes Liveevent stattfinden, da kann ich nicht. Das ist vermutlich die letzte Chance, den Kanal noch zu retten. Außerdem habe ich eine Pferdehaarallergie, schon vergessen? Wie soll das gehen?«

»Davon war vorhin nichts zu merken!« Lilly stand vor ihrer Schwester und schaute sie erwartungsvoll an. »Du kannst es doch noch, oder? Reiten, meine ich! So was verlernt man nicht, das ist wie Fahrradfahren!«

Frieda hatte recht behalten. Lilly konnte nicht alles allein schaffen – und das musste sie auch nicht. Es war okay, um Hilfe zu bitten. Sie hatte Eve, sie hatte Paul und Matayo. Nur wenn sie alle zusammen halfen, konnten sie den Waldhof retten.

Bevor Eve antworten konnte, klopfte es. Paul steckte den Kopf herein. »Darf ich? Ich muss dringend mit euch reden!«

Die Schwestern schauten sich verwundert an.

»Kommt nur alle rein, *open house,* man trifft sich ja sonst nicht«, ulkte Eve und bedeutete ihm, sich zu ihr aufs Bett zu setzen. Lilly setzte sich daneben wie damals in alten Zeiten, als er ihnen aus dem dicken Märchenbuch vorgelesen hatte. Eine links, eine rechts und ganz dicht an Paul geschmiegt, denn niemand roch so warm und wundervoll zugleich.

»Ich ...«, begann er umständlich. »Es ist so ... ich war vorhin im Stall und habe mir jedes einzelne Pferd, das bei uns einsteht, genau angeschaut. Wotan hat eine erstaunliche Decksaison hingelegt. Sah ja am Anfang nicht so gut aus. Und dann noch die Sache mit Pünktchen ... er ist in Topform. Jetzt darf er die Sommerfrische genießen. Frodo hat erstaunliche Fortschritte gemacht und ...«

»... ich weiß, Papa!«, unterbrach ihn Lilly kopfschüttelnd. »Ich bin jeden Tag im Stall, mir musst du das nicht erzählen! Komm endlich zur Sache!«

»Natürlich habe ich auch Zora besucht. Wie immer hat sie mir ihr Hinterteil gezeigt – sie ist wieder völlig die Alte! Und wie gut sie duftete!« Paul grinste. »Was ich sagen wollte: Ich habe mich dazu entschieden, dass Zora bleibt, egal, dass sie jetzt nicht auf dem Turnier starten kann, egal, dass sie nicht als Dressurpferd taugt und schon gar nicht als Zuchtstute. Sie ist etwas Besonderes! Schließlich hat sie dich zu uns gebracht und gerettet, als wir dachten ...«

»Was? Zora darf bleiben? Wirklich?« Lilly war heiß und kalt und kalt und heiß. Mit der einen Hand umklammerte sie Pauls, mit der anderen Eves Hand.

»Egal, was passiert, versprochen.« Paul nickte. »Es war ein Fehler. Alles. Ich meine ... damals. Wir hätten reden müssen. Ich wusste nicht, was ich tun sollte. Ich war so alleine.« Er kam ins Stottern. Jetzt war er es, der die Hände seiner Töchter drückte. »Es tut mir so leid. Meryam ... ich war verliebt in ihre Art, mit Pferden umzugehen, so leicht, so energisch, so entzückend. Da war ich wohl der Einzige. Im Stall ist auch etliches gründlich schiefgelaufen. Ich habe mich vorhin mit Frieda ausgesprochen. Ab sofort wird sich einiges ändern. Oder besser: wieder so werden wie früher!«

»Wie soll das gehen, ohne Mama?«, flüsterte Lilly.

»Sie fehlt mir auch ... glaubt mir, ich wünschte, wir könnten noch mal alle von vorne anfangen.« Paul schluckte. »Ich habe einen furchtbaren Fehler gemacht. Es tut mir sehr, sehr leid.«

»Wenn wir zusammenhalten, schaffen wir das«, meinte Eve.

»Wir?« Lilly spürte Tränen aufkriechen. Sie schaute ihre Schwester fragend an.

»Wir!« Eve nickte. »Mama, du, die Pferde ... ich vermisse euch so sehr, dass es wehtut.«

Paul drückte seine Töchter an sich. Eine Weile saßen sie da, jeder für sich in seine Gedanken versunken, und doch so eng verbunden wie lange nicht mehr.

In die Stille hinein sagte er dann: »Jetzt bringen wir erst mal das Turnier über die Bühne ... und dann sehen wir weiter. Ich weiß, dass ich etwas gutzumachen habe. Ich hoffe, ihr helft mir dabei!«

»Klar!« Die Schwestern nickten.

»Wenn ich das Dings hier nicht mehr tragen muss, kann ich auch wieder richtig mit anpacken!«, meinte Lilly und deutete auf ihr Bein. »Die Physio meint, ich hätte große Fortschritte gemacht.«

»Ich werde auch wieder öfters im Stall helfen«, warf Eve ein. Sie lächelte verlegen. »Und das mit Zora ... wir können es ja mal versuchen, schließlich haben wir nichts zu verlieren. Versprechen kann ich nichts! Und du schuldest mir was dafür.«

»Das würdest du wirklich tun? Zora auf dem Turnier reiten?« Täuschte sich Lilly oder wischte sich Paul gerade eine Träne aus den Augen? Schnell sprach sie weiter: »Morgen zeige ich dir alles! Wenn du erst mal auf Zora sitzt, fällt dir alles bestimmt wieder ein. Erinnere dich einfach nur an unsere Ausritte von damals. Und vertraue Zora!«

Liebe Ana,

ich weiß, ich habe noch einen langen Weg vor mir, aber der Anfang ist gemacht. Ich möchte mich nicht mehr verstecken! Eve meint, ich solle mich so bald wie möglich outen, sie würde mich dabei unterstützen und das wäre sicherlich ganz easy. Wenn sie sich da mal nicht täuscht. Als Influencerin ist sie gerade nicht so gefragt. Sie hat einen Deal mit Lilly abgeschlossen. Wenn das mal gut geht!

Mit Mama habe ich abgemacht, dass wir noch vor den Sommerferien mit den Lehrkräften sprechen. Ich will nicht länger Geheimnisse haben! Sie hat mir auch versprochen, mich zu den Gesprächen mit Herrn Martini zu begleiten. Frau Lutze hat ihn uns als neuen Therapeuten hier in der Stadt empfohlen. Ich bin schon ganz aufgeregt, von ihm hängt jetzt ab, wie es mit mir weitergeht. Am liebsten würde ich erst mal abwarten und ich verstehe, dass ich mich öffnen und reden muss, wenn ich endlich ich sein will. Ganz bestimmt aber will er ganz viel über meinen Körper wissen, weil der ja schließlich mit meiner Identität zu tun hat.

Plötzlich ist mein Intimstes öffentlich, dabei geht das niemanden etwas an, oder? Mein Körper gehört mir! Ich muss so erst mal klarkommen, was da gerade alles an und in mir geschieht. Früher fühlte ich mich wie ein Werwolf, der in alle Richtungen wächst und sich verändert, ohne dass er das möchte. Bisher hatte ich ja keinen Einfluss darauf und war dem ausgeliefert, vor allem dem P! Jetzt bekomme ich dank der Hormontabletten wieder das Gefühl der Kontrolle zurück und dass mein Körper macht, was ich will, und nicht umgekehrt. Endlich kann ich mein biologisches Geschlecht wandeln, sodass es zu mir passt. Und das Schönste ist wirklich, du glaubst es nicht, dass mir winzig kleine Busenknubbel wachsen. Das macht mich richtig stolz! Eve hat versprochen, mich beim BH-Kaufen zu beraten, wenn es so weit ist. Ich bin jetzt schon aufgeregt – und freue mich riesig! Dann muss ich mich endlich nicht mehr verstecken und kann mich zeigen, wie ich bin, denke und fühle.

Es ist nach wie vor nicht leicht, damit klarzukommen. Immerhin klebe ich mir meinen P nicht mehr ab, damit man ihn nicht sehen kann. Die Haut war ganz rot und entzündet und Frau Lutze meinte, das wäre eine dumme Aktion, ich bräuchte das nicht. Ob ich nicht wüsste, dass es spezielle Unterwäsche für Transfrauen gäbe? Wusste ich nicht, sagt einem ja keiner. Mit so einer Unterhose fühle ich mich viel, viel wohler. Hätte ich sie damals mal gehabt, du hättest dir nicht so viele Sorgen um mich machen müssen! Wenn du mich hoffentlich bald besuchen kommst, wirst du staunen. Du wirst mich nicht mehr wiedererkennen, so gut geht es mir. Ich bin und bleibe:

Deine Schwester Fran

Vergeben und vergessen

In dieser Nacht schlief Lilly schlecht, ausnahmsweise nicht bei Zora im Stall. Vielleicht auch deswegen. Unruhig schmiss sie sich in ihrem Bett hin und her, Gedankenfetzen jagten durch ihren Kopf. Die dunkle Wolke war immer noch da. Bilder aus der Vergangenheit tauchten auf, es war ein strahlender Sommertag und sie alle standen gemeinsam auf der Weide. Ihre Mutter, wie sie ihr auf Zora half und ihr das Reiten beibrachte. Gemeinsam mit Eve, immer abwechselnd, und Zora hatte es genossen, im Mittelpunkt zu stehen und von den dreien umsorgt zu werden. Und dann goss Frau Holle aus heiterem Himmel Pech über Lilly. Einfach so. Dabei war die Sache mit den Ponys Max und Moritz ein Unfall gewesen und niemand konnte etwas dafür. Das Ereignis hing wie eine schwarze Wolke seit Jahren über dem Waldhof und hatte die beiden Schwestern entzweit, denn alle, sie selbst eingeschlossen, gaben Lilly die Schuld.

Schweißgebadet wachte Lilly auf. Sie zitterte am ganzen Körper. Schnell sprang sie unter die Dusche, um den

Albtraum abzuspülen, und lief hinüber in den Stall, wo sie sich in Arbeit stürzte, um sich abzulenken. Kurz darauf kam Eve. Sie hatte ihr Versprechen nicht vergessen. Auch sie wirkte merkwürdig aufgewühlt und fahrig, vielleicht war sie auch nervös. Gleich würde sie Zora reiten.

»Musst du auch immer wieder daran denken?« Eve schaute ihre Schwester unvermittelt an, als wüsste sie um ihren Albtraum. Lilly hatte ihr geholfen, Zora zu striegeln und die Trense aufzuziehen.

»Was?« Lilly zog den Sattelgurt fester und stellte die Steigbügel ein. Sie tat so, als hätte sie Eve nicht verstanden.

»Damals. Der Unfall. Was passiert ist.«

»Nein. Wovon redest du?« Ihre Hände gehorchten ihr nicht, der Sporn wollte und wollte nicht ins richtige Loch rutschen.

»Lass. Ich mach das selbst.« Eve schob Lilly energisch zur Seite. Auch ihre Hände zitterten. »Kannst du dich wirklich nicht mehr erinnern?«

»Ich weiß nicht, wovon du sprichst.« Lilly zuckte mit den Schultern. Sie gab Zora frei.

Eve saß mittlerweile im Sattel. »Dann ist ja gut!«

»Wie fühlst du dich?« Besorgt musterte Lilly das käsebleiche Gesicht ihrer Schwester. »Diesmal wird nichts Schlimmes passieren, glaub mir!«

Zora stand unterdessen regungslos da und wartete geduldig.

»Du erinnerst dich also doch ...« Beinahe tonlos kamen die Worte über Eves Lippen. Auf ihrer Stirn hatten sich Schweißperlen gebildet, ihre Hände hielten krampfhaft die Zügel fest.

»Ja, natürlich, was denkst du denn!« Lilly schaute ihre Schwester mitfühlend an. »Komm, steig erst mal ab.«

Zitternd rutschte Eve von Zoras Rücken und fing an zu weinen.

»Schscht, ist ja gut«, beschwichtigte Lilly, ihr fiel das Sprechen schwer. Doch Eve wollte sich nicht beruhigen und wehrte sie ab. Ihr Atem ging heftig.

»Nichts ist gut! Was, wenn ich wieder ...« Sie schüttelte den Kopf und starrte Lilly an. In ihren Augen stand Wut, Angst, Panik, Traurigkeit, alles auf einmal.

»Bitte, beruhige dich! Wir bringen erst mal Zora auf die Weide, okay? Komm, gehen wir ein Stück ...« Lilly drückte ihr einfach die Zügel in die Hand, damit ihre Schwester auf andere Gedanken kam. Zum Glück spielte Zora das Spiel mit, wo sie sich doch sonst nur ungern führen ließ. Lilly atmete tief durch.

»Ich muss jeden Tag daran denken und letzte Nacht habe ich mal wieder davon geträumt«, begann Eve, als sie kurz darauf nebeneinander auf der Wiese saßen. Nachdem sie Sattel und Zaumzeug los war, widmete sich Zora ausgiebig dem saftigen Gras.

»Es war ein Unfall«, begann Lilly zögernd, ihr war hundeelend zumute. »Das weißt du genau. Ich konnte nichts dafür. Wir haben gespielt! Wie immer waren wir mit der Ponykutsche unterwegs. Max und Moritz haben sich erschrocken ...«

Sie hielt inne. Wie oft hatte sie sich jenen schicksalshaften Moment in Erinnerung geholt. Nachzuvollziehen versucht, was geschehen war. Da war dieser Knall. Und der Rest Geschichte. Eine tragische Geschichte.

»Ich saß alleine in der Kutsche, als sie durchgegangen sind«, schluchzte Eve auf.

»Weil ich im Wald für die Prinzessin Heilkräuter für eine Schönheitsmaske sammeln sollte!«, erinnerte sich Lilly.

Eve schüttelte den Kopf, ihre Unterlippe zitterte dabei. »Weißt du, wie sich das anfühlt? Wenn dir die Äste ins Gesicht peitschen und du hin und her und auf und ab geschleudert wirst?«

»Weißt du, wie es sich anfühlt, wenn du dabeistehst und nur zugucken musst? Außerdem bist du abgesprungen.« *Und ich weiß auch, wie es sich anfühlt, wenn dein Pferd durchgeht. Ich habe es erst neulich erlebt,* fügte Lilly in Gedanken hinzu.

»Ich bin rausgeflogen! Beim Versuch, die Zügel zu angeln, habe ich das Gleichgewicht verloren.«

»Das war dein Glück«, stellte Lilly nüchtern fest.

»Die Ponys. Sie konnten nicht rechtzeitig anhalten ...« Eve wischte sich die Tränen aus den Augen, doch sie konnte nicht aufhören zu schluchzen.

»Der Weiher.« Als wäre es gestern, hatte Lilly die schrecklichen Bilder vor Augen. Die Ponys waren in ihrer Panik blindlings davongaloppiert und in den See gestürzt. Mit vollem Geschirr. Mit der Kutsche.

»Ich bin sofort zurück zum Hof, um Hilfe zu holen. Aber es war niemand da«, sprach sie tonlos weiter.

Wie sich später herausstellen sollte, hatte Paul ein Rendezvous. Und Iris war mit Zora ausgeritten, ohne Handy, unerreichbar. Als endlich Frieda die Feuerwehr alarmierte, war es zu spät. Die Ponys waren im Weiher ertrunken. Die

Taucher mussten sie unter Wasser aus dem Geschirr befreien und einzeln bergen.

»Niemand hat sich gekümmert.« Eve hatte die Arme um ihren Körper geschlungen, wie um sich zu wärmen. »Ich stand nur ein paar Meter entfernt und musste mit ansehen, wie sie erst Max und dann Moritz aus dem Schlamm gezogen haben. Unsere Ponys! Einfach auf den Hänger haben sie sie gelegt und dann weggekarrt. Sie sahen aus wie …« Sie stockte. Dann huschte ein trauriges Lächeln über ihr Gesicht. »… wie Max und Moritz im Brotteig!«

»Ich weiß«, antwortete Lilly sanft. »Ich stand dabei.«

»Wie zwei ausgesetzte Kinder im Wald«, meinte Eve und griff nach der Hand ihrer Schwester. »Ich habe mich so alleine gefühlt.«

»Ich mich auch. Und wie«, murmelte Lilly.

Eine Weile standen beide da, in Erinnerungen an jenen schrecklichen Tag versunken, der damals ihr Leben verändert hatte. Die darauffolgenden Wochen waren schrecklich für Lilly gewesen. Niemand sprach es aus, alle gaben ihr die Schuld an dem Unglück. Sie hätte nur die Bremse feststellen müssen, dann wäre nichts passiert. Dann hätten die Ponys nicht davongaloppieren können. Doch sie hatte die Kutsche einfach stehen lassen und war in den Wald gelaufen, um nach den Kräutern zu suchen. Max und Moritz waren die bravsten Ponys der Welt! Sobald sie etwas zu grasen hatten, waren sie ruhig und zufrieden. Wer hätte denn ahnen können, dass sie jemals durchgingen. Doch dann, völlig aus dem Nichts, dieser ohrenbetäubende Knall! Er hallte noch lange Zeit in Lillys Ohren nach. Hinterher bestand der Verdacht, dass zwei Jugendliche ganz in der Nähe verbotenerweise mit Feuerwerkskörpern gespielt hatten, beweisen konnte das natürlich niemand.

Eve hatte sich daraufhin geweigert, je wieder auch nur einen Fuß in den Stall zu setzen. Sie behauptete, sie bekäme von Pferden Hustenkrämpfe und Hautausschläge. Jeder, der wusste, was passiert war, akzeptierte das stillschweigend und bald stellte niemand mehr Fragen. Über das Unglück wurde nie wieder gesprochen und Eve bekam ihre Panikattacken mit der Zeit in den Griff. Jeder verdrängte es auf seine Weise, widmete sich anderen Themen oder stürzte sich in Arbeit. Eve tauchte in ihrer virtuellen Beautywelt ab und feierte mit einem eigenen Kanal Erfolge als Influencerin. Und Lilly half von morgens bis abends im Stall, als könne sie mit ihrer Arbeit wiedergutmachen, was sie nicht verschuldet hatte. Wenn ihr das alles zu viel wurde, schwang sie sich auf Zoras Rücken und ritt auf und davon.

»Manchmal weiß ich nicht, was schlimmer war: das Unglück, für das mich Papa verantwortlich gemacht hat, oder dass Mama nicht mehr bei uns ist.« Lilly lag rücklings im Gras und starrte in den Himmel. Zora kam angetrabt und schnubbelte ihnen zärtlich durch die Haare.

»Hey du! Immerhin bist du da!« Dankbar drückte Lilly ihrer Stute einen Kuss auf die Nüstern.

»Meinst du, Mama ist auch da?«, fragte Eve und kraulte Zora zwischen den Ohren.

»Du meinst, ob sie uns von oben zusieht und mit allem einverstanden ist, was wir hier tun?« Lilly dachte an Frans Mutter, die so lange mit ihrer Tochter gehadert hatte. Nach einem Gespräch mit der Therapeutin hatte sie endlich ihren Fehler eingesehen und Fran erlaubt, so zu leben, wie sie wollte.

»Ja«, antwortete sie schließlich. »Mama ist bei uns. Immer.«

»Und sie hätte sich gewünscht, dass ich wieder anfange zu reiten.« Eve sprang auf und zog Lilly mit sich hoch. Blaue Augen blinzelten die Schwester erwartungsvoll an.

»Jetzt?«

»Jetzt. Hier und heute. Einfach so.« Ohne Lillys Antwort abzuwarten, hatte sich Eve auf Zoras Rücken geschwungen.

»Sieht gut aus!«, rief Lilly ihr lachend hinterher.

Da ließ sich ihre Schwester jahrelang nicht im Stall blicken, lästerte, wo sie nur konnte, über Pferde und jetzt trabte sie mit Zora los, als sei keinerlei Zeit vergangen seit damals. Zora ging mit ausgreifenden Schritten voran und schnaubte zufrieden. Es wirkte so harmonisch und vertraut, als hätte sie nur auf Eve gewartet.

»Du warst immer schon eine bessere Reiterin als ich!«, rief Lilly Eve zu, doch die hörte sie nicht mehr. Eve ritt über die Wiese, im Galopp löste sie den Zopf und ließ ihre Haare im Wind flattern. Lang und blond wie Lillys waren sie – die Schwestern sahen sich wirklich zum Verwechseln ähnlich. Lilly hatte das Gefühl, als würde sie sich selbst beim Reiten zuschauen. Kurz flackerten winzige Eifersuchtsstiche. Zora hatte sich Eve nicht eine Sekunde verweigert. Dann war der Moment auch schon wieder vorbei.

»Und jetzt?« Eve strahlte über das ganze Gesicht, als sie vor ihrer Schwester zum Stehen kam.

»Jetzt hast du noch ein bisschen Arbeit vor dir!« Grinsend klopfte Lilly Zora den Hals. »Schaffst du das?«

»Frag Zora!« Eve sprang ab und blinzelte erwartungsvoll zwischen ihrer Schwester und der Stute hin und her. Die sah aus, als hätte sie ihre Entscheidung längst getroffen.

Liebe Ana,

endlich weiß ich, was Mutters Problem in all den Jahren war: Sie hatte ein schlechtes Gewissen, weil sie sich in der Schwangerschaft so sehr ein Mädchen gewünscht hat, und dann bin ich doch ein Junge geworden. Sie dachte, sie wäre schuld daran, dass ich mit drei Jahren schon gesagt habe: »Wenn ich groß bin, werde ich ein Mädchen!«, und es dann all diese Probleme gab. Deswegen hat sie ganz streng darauf geachtet, dass ich meiner »Rolle« als Junge gerecht werde. Sie war es, die mir die Haare kurz geschnitten und mich zum Fußballspielen gezwungen hat. Du hättest sie mal erleben sollen, wie sie beim Martini in der Therapiestunde saß. Völlig in sich zusammengesunken, als hättest du aus ihrem Körper die Luft herausgelassen. Für einen Moment habe ich vergessen, was sie mir all die Jahre angetan hatte, einen Funken lang hatte ich Mitleid.

Doch sie denkt nur an sich, immerzu nur an sich. Was die Leute sagen. Was die Leute denken. Was die Leute meinen. Deswegen das große Schauspiel. Wie es mir dabei ging, hat sie nicht weiter interessiert. Dass Papa sich auf meine Seite gestellt hat, war für sie das Schlimmste. Sie fühlte sich von ihm nicht mehr geliebt, es war wie ein Verrat. Ich weiß nicht, ob ich das alles verstehen muss oder will. Der Martini sagte, es wäre toll, wenn ich einfach akzeptiere, dass sie es nicht anders konnte, selbst gefangen war in Traditionen und Zwängen, gegen die sie gar nicht ankommen konnte. Das würde mir Frieden und Versöhnung schenken. Mama hat furchtbar geweint und immer wieder beteuert, wie lieb sie mich habe, trotz allem. Wegen allem.

Kannst du verstehen, dass mich das völlig umbügelt? Jahrelanges Unverständnis und mit einem Mal alles vergessen?! Ich meine: Ich soll ihr verzeihen, dass sie mir nicht verzeihen konnte, kein Mädchen zu sein, obwohl ich eins bin? Das muss einer verstehen. Da muss ich mit dem Fühlen erst mal hinterherkommen! Ich habe ihr gesagt, dass ich froh bin über ihre offenen Worte und mir das alles furchtbar leidtut, aber ich nichts dafür kann. Ich habe es mir nicht ausgesucht. Und doch möchte ich niemand anders sein als Fran. Die Fran, die ich heute bin.

Ich brauche Zeit, all das zu verarbeiten,

was im letzten Jahr gelaufen ist. Papas Tod. Der Umzug. Neuanfang, wie sie ihn nennt. Vielleicht war das ja doch ganz gut. Sonst hätte ich nicht Lilly und Eve kennengelernt. Mit ihnen sitze ich stundenlang bei Zora und rede. Über unsere Mütter. Über Väter. Über Pferde. Und über Liebe.

Ich vermisse dich! Hoffe, wir sehen uns bald, liebe Schwester!

Geliebt, Fran

Goldene Zeiten

*W*arum hat mir niemand gesagt, dass der so süß ist?« Eve stand bei Pünktchen auf der Weide und kraulte das Fohlen aufs Zärtlichste durch. Erstaunlicherweise hielt Pünktchen still, das tat er sonst nie. »Und wie groß er geworden ist. Sagtest du nicht, er sei ein Sorgenkind?« Sie rannte jetzt ein Stück und Pünktchen galoppierte ausgelassen hinterher.

»Pass auf, dass Wotan nicht plötzlich seine Vaterpflichten entdeckt«, ulkte Lilly. »Soll ja vorkommen, dass sich Väter für ihre Kinder interessieren.«

Letzteres sagte sie mit Blick auf Paul, der seit jenem Abend kaum wiederzuerkennen war. Am meisten freute sich die gute Frieda darüber. Wie zu alten Zeiten sattelte er seine Pferde wieder selbst, trainierte der Reihe nach Frodo, Pippin und Merry und lobte Shakiras Fortschritte. Abends dann drehte er auf Bilbo seine Runde übers Feld, begleitet von Dumbledore, der auf seine alten Tage noch mal den Sommer genoss. Frieden war auf dem Waldhof eingekehrt. Als hätten sich die dunklen Pechwolken endlich verzogen, tauchte die Sommersonne die Bäume, Weiden und Ställe in ein helles, freundliches Licht und brachte alle zum Strahlen.

»Ob ich mich um ihn kümmern darf? Was meinst du?«, fragte Eve und schaute Wotan tief in die Augen, der angetrabt kam. Aufmerksam verfolgte er Eves Bewegungen, wie sie jetzt Pünktchen die Ohren massierte.

»Paul erlaubt es dir ganz bestimmt. Nur: Was sagen deine Follower dazu, wenn du plötzlich *Horsewoman* wirst?«

»Sie werden Pünktchen lieben, glaub mir! Gut, dass du das ansprichst. Da gibt es etwas, worüber ich unbedingt mit dir reden muss.« Eve verabschiedete sich liebevoll von Pünktchen und kam zu Lilly an den Weidezaun.

»Du hast es dir anders überlegt, du wirst nicht auf Zora starten.« Lilly seufzte. »Jetzt, wo Zora bleiben darf, ist es ja auch nicht mehr nötig.«

»Nein, das ist es nicht. Natürlich werde ich sie reiten! Versprochen ist versprochen. Wir haben nichts zu verlieren, nur zu gewinnen. Im besten Fall gibt es eine Prämie, die können wir gut gebrauchen. Im schlimmsten Fall …

»… hast du es wenigstens versucht!« Lilly grinste. Sie rechnete es ihrer Schwester hoch an, dass sie nicht kneifen wollte. »Was ist es dann?«

»Ich kann nur auf Zora starten, wenn du an diesem Tag meinen Livestream übernimmst. Das schaffst du, dich mal eine Stunde lang für mich auszugeben, oder?«

»Ich soll *was*?« Lilly traute ihren Ohren nicht.

»Komm schon! Ich kämme dir die Haare glatt. Du hast die gleichen Grübchen wie ich und wenn du sitzt, merkt keiner, dass du einen Kopf kleiner bist als ich. Und wenn eine glaubhaft Werbung für Naturkosmetik machen kann, dann du!«, wischte Eve ihre Bedenken davon. »Kannst du dich an die Sache mit der Schafsmilchseife erinnern? Das ist eingeschlagen wie Bombe. Und jetzt muss ich liefern. Der Sponsor hat den Termin einfach festgesetzt ... Ich habe dummerweise diesen Vertrag und komme aus der Nummer nicht mehr raus. Es gibt auch echt Kohle für ...«

»Nicht dein Ernst! Das hast du dir fein ausgedacht, ohne mich!«

»Bitte, Lilly, dass ist *die* Chance für uns alle! Ich reite und gewinne, du streamst live und gewinnst.«

»Nein, *du* gewinnst.« Eve war Geschäftsfrau durch und durch. Nach dem Video würde sie etliche Abonnent:innen mehr haben plus die Werbeeinahmen des Herstellers. Dank Lilly.

»Das wird genial!«, schwärmte Eve. »Du bist ein Naturtalent, ich weiß das. Wir bereiten das gemeinsam vor, ich erkläre dir die Technik und natürlich schreiben wir dir auch ein Skript ...«

»Nur deswegen willst du Zora reiten? Damit du dir selbst nicht mit Naturkosmetik dein Image ruinieren musst und alles auf mich schieben kannst, wenn es nicht funktioniert? Nein, danke!« Empört wollte sich Lilly wegdrehen. Beinahe wäre sie auf Eves schwesterliches Getue reingefallen.

»Was? Nein! Warte! So ist es doch gar nicht. Daran habe ich überhaupt nicht gedacht, ich schwöre. Verstehst du nicht, ich *muss* Zora reiten! Damit ich endlich vergessen kann, was damals passiert ist. Hast du doch selbst gesagt.« Eve wirkte völlig aufgelöst. Dann huschte ein Lächeln über ihr Gesicht. Sie knuffte Lilly in die Seite. »Es ist für uns beide! Ich mach das für Mama. Für dich! Und für Fran. Am liebsten würde ich den Livestream verlegen, aber das geht nicht mehr, sie haben das mit einer großen Kampagne überall angekündigt.«

Lilly dachte nach. Wie oft hatte sie sich wegen damals Vorwürfe gemacht. Und jetzt sollte mit dieser einen Aktion alles vergeben und vergessen sein?

Eve bemerkte ihr Zögern. Sie griff nach Lillys Hand und schaute ihre Schwester eindringlich an.

»Bitte, Lilly, lass mich jetzt nicht hängen! Du musst das an meiner Stelle machen!« Und mit leiser Stimme fügte sie hinzu: »Es tut mir leid. Ich weiß, dass es nicht deine Schuld war.«

Lilly schluckte. Es tat gut, das zu hören. Und vielleicht hatte Eve recht – vielleicht war es an der Zeit, die Vergangenheit endlich Vergangenheit sein zu lassen.

Und dann war das große Turnier!

Woanders wären sicher allen Beteiligten vor Aufregung die Nerven durchgegangen. Startunterlagen, Absperrungen, Parkplätze – ständig hätte es neue Einsatzpläne gegeben, Teambesprechungen und tausend Kleinigkeiten, die vergessen wurden. Nicht so auf dem Waldhof. Paul war die Ruhe selbst, er hatte alles im Griff und eröffnete mit einer launigen Ansprache am Morgen den ersten Wettbewerb.

»Wie zu alten Zeiten!«, rief Frieda immer wieder überglücklich, die zwischen Anmeldung und Abreitplatz hin und her lief und nicht genug von dem Gewusel bekommen konnte. Pünktchen hatten sie ausnahmsweise in den hinteren Teil des Hofes gesperrt, ebenso Wotan und die trächtigen Stuten. Sie sollten der Aufregung fernbleiben. Doch einer war aufgeregt für mindestens drei und das war Matayo. Er hatte sich endlich getraut und Eve seine Verliebtheit gestanden – und war jetzt noch aufgeregter als sie. Seit Tagen wich er nicht von ihrer Seite, gab ihr alle möglichen Tipps und unterstützte sie, wo er konnte. Zudem hatte Matayo sämtliche Pferde auf Hochglanz gestriegelt, die Stallgasse blitzblank gefegt und eigenhändig Frodo Zöpfchen geflochten, weil dieser heute zum ersten Mal unter seinem Besitzer startete. In jeder freien Sekunde kümmerte er sich um Eve, die nervös bei Zora in der Box stand.

»Ihr habt so viel trainiert, das klappt schon«, sagte er aufmunternd und zog sie in seine Arme. »Und wie Zoras Mähne glänzt ... fast so schön wie deine Haare!«

»Wenn die Beautyqueen ihre Tricks anwendet, kein Wunder!«, meinte Lilly, der selbst ganz mulmig zumute war. Gleich würde sie drüben in Eves Studio den Livestream starten. »Und du glaubst wirklich, deine Follower merken nicht, dass ich das bin?« Sie zupfte ihre Strähnen zurecht, die unter der orangenen Mütze herauslugten. Eve hatte sie vorhin stundenlang gestylt, um sie möglichst ungestylt aussehen zu lassen. Sehr natürlich. Sehr nach Lilly und trotzdem ganz Eve.

»Ihr seht euch zum Verwechseln ähnlich«, meinte Matayo. »Ich wüsste jetzt nicht, wen ich von euch, ich meine ...«

»Mich, wen sonst!« Eve drückte ihm einen Kuss auf den Mund.

»Dann kann ja nichts mehr schiefgehen!« Lilly strahlte Matayo an. »Wünsch mir Hals- und Beinbruch.«

»Du siehst toll aus!« Matayo umarmte sie. »Ich bin mir sicher, du machst das großartig! Ihr beide! Wozu habt ihr sonst die ganze Zeit geübt? Sei einfach du selbst! Und du auch.«

»Ich kann das nicht!« Eves Unterlippe zitterte.

»Natürlich kannst du das.« Matayo reichte ihr die Reitkappe. Zärtlich strich er Eve eine Locke aus dem Gesicht.

»Und wie du kannst«, bekräftigte Lilly ebenfalls. »Wenn ich mich gleich als Eve vor die Kamera stelle, kannst du als Lilly Zora reiten. Wir sind Schwestern, schon vergessen? So unterschiedlich wir auch sind, eins haben wir doch gemeinsam: unsere Liebe zu den Pferden!«

»Und was ist mit mir?« Matayo steckte grinsend den Kopf zwischen die Schwestern und deutete auf seine Wange.

»Dich lieben wir sowieso!«, riefen sie unisono und natürlich bekam er von jeder einen Kuss. Einen links, einen rechts.

»Fran lieben wir auch!« Eve versuchte ein Lächeln. »Wo steckt sie eigentlich?«

»Keine Ahnung!« Lilly zuckte mit den Schultern.

»Wahrscheinlich kann sie sich nicht entscheiden, wem von euch sie zugucken soll«, ulkte Matayo. »Dabei könnte sie mit dem Handy auf der Tribüne sitzen, deinen Livestream verfolgen und Eve die Daumen drücken. Ich werde auf alle Fälle am Tor stehen. Für mich hast du jetzt schon gewonnen! Echt, das ist sehr mutig, was du da machst. Ich finde dich einfach toll.«

»Danke, du bist lieb!« Verlegen rückte Eve ihren Reithelm zurecht.

»Tu es für dich! Vertraue Zora!«, flüsterte Lilly ihrer Schwester ins Ohr. »Vertraue deinen Gefühlen ...« Ein aufmunternder Klaps für Zora, ein letzter Kuss und noch einer. Dann löste sich Lilly aus der Umarmung und ließ den Turniertrubel hinter sich.

Langsam lief sie hinüber ins Haus, als müsse sie erst noch begreifen, was da gerade geschah. Seltsam fühlte sich das an, diese vertauschten Rollen. Seit Eve sie geschminkt hatte, hatte sie ihr eigenes Ich verlassen und war in die Welt ihrer Schwester geschlüpft, wie schnell das ging. In eine Welt ohne Pferde, ohne Stallgeruch, ohne Wärme. In der man vor dem grünen Punktlicht einer Kamera saß, die in Sekundenschnelle jedes Lächeln, jede Geste in die Welt hinaustrug. In der man sich der unbarmherzigen Kritik und Häme der Netzgemeinde aussetzte, die augenblicklich über jeden Fehler herfiel und so schnell nichts verzieh. Am liebsten hätte Lilly gekniffen, doch sie hatte etwas gutzumachen. Das war ihr Beitrag, den Unfall endlich vergessen zu machen und Frieden zu finden.

Noch einmal tief durchatmen, dann drehte sie den Schlüssel im Schloss.

»Hey, warte!« Atemlos kam Fran hinter ihr hergerannt.

»Du bist nicht auf dem Turnier?«

»Ich bin bei dir!« Fran lächelte, sie strahlte. Tief von innen. Lilly auch.

Viel zu lange standen sie in der Tür und sahen sich an, es hätte für immer sein können.

Doch der Countdown lief.

»Komm, schnell, wir müssen das Set starten!«, rief Lilly und zog Fran mit sich die Treppe hinauf ins Studio.

Eve hatte alles perfekt vorbereitet. Ein Knopfdruck und der Raum war bestens ausgeleuchtet, der Laptop startete, die Kamera surrte. Eve war hier und doch nicht hier, ein anderer Teil von ihr ritt gerade auf Zora ins Dressurviereck, grüßte die Richter. Wie sollte das alles gut gehen? Noch einmal tief durchatmen, lächeln. Lilly war on.

»Hallo, meine Lieben!«, begann sie, wie Eve ihr das aufgeschrieben hatte. Fran hatte sich hinter der Kamera platziert und hob den Daumen. Spürte sie, wie nervös sie war?

»Heute habe ich etwas ganz Besonderes für euch. Wollen wir nicht alle nachhaltiger und umweltbewusster leben? Mit diesen Produkten seid ihr mit bestem Wissen und Gewissen dabei!« So plauderte Lilly in einer Tour und stellte der Reihe nach Seife, Cremes und Lotion vor, die Eve ihr aufgereiht hatte. »Vergiss nicht, Name und Hersteller vorzulesen«, hatte sie ihr aufgetragen. Es dauerte ewig, die Schrift war viel zu klein.

Wie erwartet, verfolgten Tausende von Eves Fans den Livestream. Prompt hagelte es jede Menge Kommentare im Chat, die meisten fanden die Sache mit der Naturkosmetik toll, andere wollten Details wissen über Tierversuche oder Fair Trade.

»Ich achte vor allem auf nachhaltige und umweltfreundliche Kosmetik«, erzählte Lilly weiter und griff nun nach den Foundations. »Und vor allem schaue ich auf die Inhaltsstoffe. Keine Silikone und Parabene und vor allem kein Mikroplastik ...« Sie drückte einen Klacks Creme auf ihre Handfläche, um sich Wangen und Stirn damit zu betupfen. Hoffentlich merkte von den Zuschauer:innen niemand, dass sie eine absolute Anfängerin in Sachen Make-up war. Hoffentlich merkten die Richter:innen nicht, dass Eve seit Jahren nicht im Sattel gesessen hatte.

Als Nächstes galt es, Concealer und Highlighter aufzutragen und zu verblenden, später dann Lidstrich und Mascara. Während Lilly das tat und dabei fast nicht zitterte, hielt sie eine flammende Rede für verantwortungsvolles Handeln der Umwelt zuliebe. Sie grinste erleichtert, denn Fran hielt ihr mittlerweile das Skript vor die Nase, sie musste nur ablesen. Ihre Augen trafen sich in dem Moment, als sie sagte:

»Mit dem richtigen Make-up bist du selbstbewusst und stark. Mit dem richtigen Make-up zeigst du allen: Du kümmerst dich um dich selbst und fühlst dich wohl in deinem Körper! Mit dem richtigen Make-up schlüpfst du in jede Rolle, die du ausprobieren willst.«

Abrupt hielt Lilly in der Bewegung inne. Der Lidstrich verrutschte und hinterließ eine unschöne Linie auf ihrer Wange. Fran schaute erschrocken. Ein Bruchteil einer Sekunde nur, dann hatte sich Lilly wieder im Griff. Sie lächelte. Sie hatte verstanden. Sie war selbstbewusst und stark und sie kümmerte sich um sich und ihren Körper.

Sie wollte keine Rolle ausprobieren, sie wusste längst, was sie wollte. Sie gehörte zu Zora und zu Fran. *Sei einfach du selbst,* hörte sie Matayo sagen und konnte spüren, wie Zora gerade im Viereck unter Eve zur Höchstform auflief, denn Eve gab sich einfach ihrer Bewegung hin, war eins mit ihrem Pferd geworden. Zu einer Einheit verschmolzen, präsentierten Eve und Zora versammelten Galopp, fliegende Wechsel, enge Volten und sogar Traversalen. Zora verband in Liebe, was zusammengehörte. Es gab weder eine gute noch eine böse Tochter, sie waren Schwestern, Goldschwestern, und Fran gehörte jetzt auch dazu. Und jede war richtig auf ihre Weise.

Lilly lächelte in die Kamera, legte Pinsel und Blush beiseite und wischte sich das Schwarz von den Augen. Langsam zog sie die Mütze vom Kopf, ihre blonden Locken sprangen hervor.

»Was hast du vor?« Fran formte tonlos Worte mit den Lippen, die Augen vor Schreck weit aufgerissen. Lilly schaute sie lächelnd an.

»Ich bin Lilly und ich bin hier, weil ich meine Schwester liebe! Sie und ich, wir beide ... Wenn ihr wüsstet, was Eve und ich durchgemacht haben ... und wir können nur dann alles zu einem guten Ende bringen, indem wir unsere Rollen tauschen und trotzdem dabei jede sie selbst ist. Klingt kompliziert? Ist es auch! Aber ihr könnt uns helfen, dass alles gut wird. Schenkt euch Liebe! Seid sanft und achtsam, vor allem zu euch selbst, mehr braucht es nicht. Niemand muss auch nur irgendjemandem etwas beweisen und noch schöner oder stärker oder fleißiger sein als die andere. Niemand muss alles allein schaffen oder sich ständig selbst optimieren, schon gar nicht mit Make-up, egal ob herkömmlich oder vegan. Sei einfach du selbst, dann bist du am besten, vergiss das nicht. Vergiss Schubladen, die sind für Menschen mit Vorurteilen, die sich nicht vorstellen können, dass es außer Schwarz und Weiß noch so viele andere Farben gibt.«

An dieser Stelle machte Lilly den Computer einfach aus, es war eine spontane Entscheidung. Nur langsam kapierte sie, was sie alles gesagt hatte. Zu spät. Sie war off. Die Worte waren für immer im Netz. Was hatte sie da nur getan!

»Danke!«, war alles, was Fran sagte. Dann griff sie nach Lillys Hand und zog sie mit sich hinüber in den Stall, wo Eve gerade Zora den Sattel abnahm. Überglücklich umarmte Lilly ihren Liebling.

»Und, wie ist es gelaufen?«

»Das wollte ich dich fragen!«

»Großartig!« Matayo war völlig aus dem Häuschen, er scrollte auf seinem Handy. »Eve, äh, Lilly, du bist und bleibst die Beste. Hier, in den Kommentaren … alle feiern dich, alle lieben dich! Und dein Sponsor sowieso.«

»Zeig her!« Eve rief das Video auf. »Was zur Hölle hast du gemacht? … Du bist unglaublich!«

»Sie ist einfach sie selbst«, meinte Fran schlicht. »Wie du.«

»Und wie du! Alle waren begeistert von deiner Vorstellung.«

»Das war ganz allein Zora.« Eve winkte bescheiden ab. »Als hätte sie nur darauf gewartet, endlich mal wieder vor Publikum auftreten zu dürfen. Sie hat alles gegeben, wirklich alles.«

»Ohne dich hätte sie sich das nicht getraut.«

»Ohne sie hätte *ich* mich das nicht getraut. Ich bin so froh.« Überglücklich fiel Eve abwechselnd Lilly, Fran und Matayo um den Hals. Letzterer strahlte und drückte Eve fest an sich.

»Da werde ich mich in Zukunft ganz schön anstrengen müssen, damit mir meine Follower treu bleiben«, ulkte Eve. »Hilfst du mir dabei?«

»Klar, ich weiß auch schon, wie. Wir beziehen Zora mit ein! Schließlich ist sie die Schönste von uns allen, ganz ohne Schnickschnack. Und ich muss mir nie wieder irgendwelche Pferdekommentare anhören, weil Zora jetzt der Star ist!«

»Außerdem macht ihr gleichzeitig ein bisschen Werbung für den Waldhof«, ergänzte Fran. »Wie ich höre, könnt ihr das gut gebrauchen ...«

Drüben vom Platz drang tosender Beifall herüber, offensichtlich war Frodo fehlerfrei durch den Parcours gekommen.

»Noch mehr?!« Lilly grinste. »Klar! Klingt nach einem guten Plan!«

»So viel Glück, oder?« Lilly konnte es immer noch nicht fassen. Am Morgen nach dem Turnier war sie mit Zora zur Ruine unterwegs, die Stute hatte wie von selbst den vertrauten Weg eingeschlagen, als Lilly sich auf ihren Rücken geschwungen hatte. Immer öfter konnte sie nun die Orthese weglassen, das Bein war so gut wie gesund und in ein paar Monaten wäre alles vergessen. Sonnenlicht tanzte durch die Baumwipfel, zeigte ihr den Weg und brachte die Welt um sie herum zum Leuchten. Mit weit ausgebreiteten Armen galoppierte Lilly auf Zoras Rücken über die Wiese. Freiheit prickelte überall am Körper, alles funkelte, glühte, grüne Blätter und bunte Blumen, wohin man nur schaute.

Diesmal war es kein Traum, kein Märchen. Diesmal war es das reine Glück.

»Alles wie immer und doch wird es nie wieder so wie früher«, murmelte Lilly in Zoras Mähne. Vertrauensvoll hatte sie sich vornübergebeugt und hoffte, Zora würde ihr Herzklopfen nicht bemerken. Seit dem Unglück war sie nicht wieder hier gewesen, sie hatte Angst vor der Erinnerung an jene Schrecksekunden, die so viel verändert hatten. Zum Guten, wie sie zugeben musste, denn so hatte sie sich endlich mit Eve versöhnt. In Zukunft würden sie wieder viel mehr Zeit miteinander verbringen, Videos drehen, Pünktchen großziehen – und gemeinsam Zora reiten. Wer hätte das alles ahnen können.

»Ich hoffe, du bleibst mir treu!« Halb ernst, halb scherzhaft war das gemeint. Die tiefe Verbundenheit mit Zora würde ihr niemand nehmen. Lilly wusste, dass sie ihr Herz öffnen musste, wollte sie sich in Zukunft nicht mehr so alleine fühlen. Und dann war da auch noch Fran, mit der sie diese wunderbare innige Freundschaft verband und ganz bestimmt auch mehr.

Mit angehaltenem Atem ritt sie durch die Ruine, genauer gesagt, durch das, was von ihr noch übrig war. Vorsichtig setzte Zora einen Huf vor den anderen. Geröll, Baumstämme und Erde hatten alles unter sich begraben, nur das kleine Mäuerchen, von dem aus man hinunter ins Tal schauen konnte, war stehen geblieben. Sie lauschte. War da Musik? Tatsächlich! Fran hatte richtiggelegen. Die Wilde Jagd hatte in jener Nacht ein Zeichen gesetzt und Veränderungen zum Guten beschworen. All die Streitereien, Tränen und Schmerzen ergaben plötzlich einen Sinn.

»Lieber nicht, oder?«, sagte Lilly mehr zu sich selbst und widerstand dem Impuls abzusteigen. Ein letzter Blick, dann wendete sie Zora. Sie würden sich eine neue Lieblingsstelle suchen müssen.

Liebe Ana,

jetzt überlebe ich alles! Die letzten Wochen und Monate waren die schlimmsten und besten meines Lebens, ich hoffe, jetzt kehrt endlich Ruhe ein! So viel friedlicher, alles. Seitdem ich mit Mama beim Martini war, wird jeder Tag ein bisschen besser. »Anders ist das neue Normal« — diesen Spruch hat Mama an unseren Kühlschrank gepinnt. Das sage ich mir jetzt jeden Morgen. Ich erkläre mich nicht mehr, ich diskutiere nicht mehr, ich reagiere nicht mehr auf Anfeindungen. Ich bin Fran. Wie befreiend sich das anfühlt, wie normal, einfach Ohrringe zu tragen, wenn ich Lust darauf habe oder einen Rock. Wie selbstverständlich, sich die Beine zu rasieren und sich nicht schuldig dabei zu fühlen, machen doch so viele andere auch. Weißt du, was cool daran ist? Je weniger ich mir einen Kopf darum mache, desto weniger tun das die anderen auch. Selbst Sprücheklopfer Leon hat mir die Hand gegeben und ein »Cool, Mann« gemurmelt. Damit war die Sache in der Schule erledigt und nach den Sommerferien hoffentlich immer noch. Jetzt haben

wir frei, sechs Wochen lang seeliges Nichts-
tun, keine Vokabeln, keine Formeln auswen-
dig lernen. Ich will so viel Zeit wie möglich
bei Eve und Lilly im Stall verbringen und
endlich reiten lernen. Übernachten, Wan-
derreiten, Picknicken, wir haben so viel vor.
Und wie sehr freue ich mich auf deinen Besuch, dann zeige ich dir alles und
wir können endlich reden. Über
alles, was war und uns verbin-
det. Und wieder ganz frei und
in Liebe leben.

Angekommen. Deine Fran

Dank

Ein Roman wie dieser schreibt sich nicht alleine. Ein dickes Danke der Fenwick Farm und insbesondere Lucy Schmelzer für ihren Pferdesachverstand, der von Herzen kommt. Annika Beer und dem Leseclub Vielseitig vom Queeren Zentrum in Darmstadt für ihre aufmerksame und kritische Lektüre sowie die inspirierenden Diskussionen. @mari_monoceros für den intensiven Austausch und Anmerkungen zu meinem Manuskript. Laura Rosendorfer für die bezaubernde und liebevolle Ausstattung. Und natürlich dem Arena Verlag für sein Vertrauen in mein Schreiben und Wirken. Ohne meine Lektorin Lisa-Marie Reuter wären meine »Goldschwestern« nicht zu dem geworden, was sie sind.

Ilona Einwohlt im Mai 2022

Ilona Einwoholt

Erdbeersommer

978-3-401-51114-6

Erbeersommer (1)

Erdbeerwettessen mit Kumpel Finn, Tagträumen in den Dünen mit ihrer besten Freundin Mareike und lange Ausritte auf dem Schimmel Hauke – Liv freut sich auf die Ferien an der Nordsee! Als sie dann auch noch Jan kennenlernt, ist sie sofort bis über beide Ohren verliebt. Doch Jan scheint ein Geheimnis zu haben, über das niemand reden will ...

978-3-401-51115-3

Unterm Sternenhimmel (2)

Der Sommer beginnt mit einer Katastrophe: Eine schwere Sturmflut wütet an der Nordsee und stürzt Livs Ferienparadies ins Chaos. Der Friesenhof ist zerstört und Onkel Piet beschließt in seiner finanziellen Not, Livs geliebtes Pferd Hauke zu verkaufen. Unfassbar! Kurzerhand entführt sie ihren Schimmel und haut von zu Hause ab – zusammen mit Kumpel Finn ...

978-3-401-51149-8

Galopp in die Freiheit (3)

Nach einem schweren Unfall ist Hauke völlig verstört und Liv erkennt ihren geliebten Schimmelhengst kaum wieder. Nur den feinfühligen Torge lässt er noch an sich ran. Liv hat das Gefühl, dass der Tiermedizin-Student nicht nur ihr Pferd, sondern auch sie selbst besonders gut versteht. In ihrer Sorge um Hauke kommen sich die beiden näher. Doch Torge trägt ein Geheimnis in sich ...

Ilona Einwoholt

Wild und Wunderbar

Zwei Freundinnen gegen den Rest der Welt (1)

Als Shark in der Wohnung unter ihr einzieht, steht Linns Welt Kopf. Denn die Neue sieht obercool aus mit ihren bunten Leggings und der karierten Haarsträhne und ist nie um einen frechen Spruch verlegen. Schon immer hat Linn sich eine Freundin gewünscht, die so selbstbewusst ist. Nur wie soll sie es anstellen, dass die beiden Freundinnen werden? Sie, die schüchterne Linn …

978-3-401-51209-9

Gegensätze halten zusammen (oder?) (2)

Die schüchterne Linn und die quirlige Shark sind beste Freundinnen geworden. Jeden Tag hecken die beiden tolle Streiche aus. Wie praktisch, dass sie im selben Haus wohnen! Nichts auf der Welt kann sie jetzt noch trennen. Oder doch? Denn als der coole Phil neu in ihre Klasse kommt, dreht Shark völlig durch. Da bekommt Linn einen Liebesbrief, der endgültig alles durcheinander bringt …

978-3-401-51218-1

Freundinnen sind die besseren Schwestern (3)

Linn und Shark sind unzertrennbar. Doch kurz vor den Sommerferien herrscht bei Linn zuhause Familien-Patchwork-Chaos und sie weiß nicht mehr, wo ihr der Kopf steht. Shark dagegen hat Angst, dass in Linns Leben kein Platz mehr für sie ist. Kurzerhand nehmen die beiden Freundinnen Reißaus – und ein wilder, wunderbarer Roadtrip in die Berge beginnt!

978-3-401-51243-3

Jeder Band: Taschenbuch • www.arena-verlag.de

Ilona Einwohlt

Uncovered

Schmetterlingsflügel für dich

»Bitch Bingo« heißt das geheime Spiel in Milans und Ellas Klasse. Jungs und Mädchen tauschen freizügige Selfies, anonym und ohne Gesicht. Dem Mädchenschwarm Milan fliegen die Bilder nur so zu. Lediglich Ella lässt ihn abblitzen. Um sie aus der Reserve zu locken, beginnt Milan einen Flirt mit ihr, aus dem schnell eine intensive Beziehung wird. Und dann tut Ella es doch: Sie schickt Milan ein sexy Bild von sich. Aber plötzlich taucht das Foto auf den Smartphones ihrer Mitschüler auf – und es zeigt viel mehr, als Ella wollte.

Wer bin ich? Wo will ich hin? Es ist nicht immer leicht, in der Pubertätsachterbahn den Überblick zu behalten. Ilona Einwohlt und Christina Arras verstehen es, ernsthafte Themen locker zu formulieren. »Beflügelnde« Fragen, Tests und Checklisten helfen Mädchen dabei, ihre eigene, starke Persönlichkeit zu entwickeln. Der Ratgeber für mehr Girl Power!

232 Seiten • Taschenbuch
ISBN 978-3-401-60549-4

152 Seiten • Klappenbroschur
ISBN 978-3-401-51105-4
www.arena-verlag.de

Emma Flint

Jana Hoch

Mein Leben voller Feenstaub und Konfetti

Dancing with Raven

Lenis Plan an der neuen Schule: Bloß. Nicht. Auffallen. Schließlich ist dort ihre ältere Schwester Fiona der unangefochtene Star. Leichter gesagt als getan, wenn man eine große Klappe hat: Erst wird Leni zur Klassensprecherin gewählt, dann muss sie vor der gesamten Schule einen gewagten Wetteinsatz einlösen. Ein Leben voller Feenstaub und Glitzer? Schön wär's! Stattdessen Schwesternzoff ohne Ende. Um sich mit Fiona zu versöhnen, beschließt Leni, sie mit ihrem Schwarm zu verkuppeln.

Auf dem neuen Internat soll Katrina zwei Dinge tun: Freunde finden und reiten. Doch genau das kommt nicht infrage. Denn sie hat sich geschworen, nie wieder auf dem Rücken eines Pferdes zu sitzen – und für neue Freunde ist sie nicht bereit. Nicht nach allem, was passiert ist. Selbst als sie Raven trifft, den ungestümen Palomino, hält Katrina an ihrem Vorsatz fest. Trotzdem will sie bei ihm sein, denn Raven gibt ihr etwas zurück, das Katrina glaubte verloren zu haben …

256 Seiten • Gebunden
ISBN 978-3-401-60490-9

384 Seiten • Gebunden
ISBN 978-3-401-60519-7
www.arena-verlag.de